国家出版基金项目
NATIONAL PUBLICATION FOUNDATION

21世纪中国城市图书馆丛书

杭州图书馆

HANGZHOU TUSHUGUAN

主　编　褚树青
副主编　粟　慧

天津大学出版社
TIANJIN UNIVERSITY PRESS

图书在版编目（CIP）数据

杭州图书馆／褚树青主编．—天津：天津大学出版社，2017.11
（21世纪中国城市图书馆丛书）
ISBN 978-7-5618-5939-1

Ⅰ.①杭…　Ⅱ.①褚…　Ⅲ.①市级图书馆—介绍—杭州　Ⅳ.①G259.252.2

中国版本图书馆CIP数据核字（2017）第272889号

出版发行　天津大学出版社
地　　址　天津市卫津路92号天津大学内（邮编：300072）
电　　话　发行部：022-27403647
网　　址　publish.tju.edu.cn
印　　刷　北京华联印刷有限公司
经　　销　全国各地新华书店
开　　本　202mm×265mm
印　　张　23.25
字　　数　450千
版　　次　2017年11月第1版
印　　次　2017年11月第1次
定　　价　160.00元

"Series of China's City Libraries in the 21st Century" Editorial Board

Hangzhou Library Editorial Board

总　序

中华文化源远流长，历久弥新。中华优秀传统文化是我们最深厚的文化软实力，也是中国特色社会主义植根的文化沃土。要实现“两个一百年”的奋斗目标、实现中华民族伟大复兴的“中国梦”，就必须充分运用中华民族数千年来积累下的伟大智慧。图书馆作为文献机构，汇集了由中华文化五千年精华浓缩而成的一本本图书，具有极高的文化价值。自古代的藏书楼发展至今天的公共图书馆，图书馆的本体在不断生长和变化着，图书馆事业在党和政府的积极扶持下，蓬勃发展，呈现出一片欣欣向荣的景象。

与此同时，我国正在努力构建的公共文化服务体系，是中国特色社会主义事业总体布局的重要内容，是实现经济、政治、文化、社会协调发展战略布局的重大安排。公共文化服务体系的建设关系到最广大人民群众的利益，是促进社会和谐稳定、建构中华民族共有精神家园的重要保障。而公共图书馆服务体系作为其中的重要组成部分和支撑力量，在公共文化服务的标准化、均等化建设和公共文化网络的布局上有其天然优势，责无旁贷。现代图书馆虽然延续了传统图书馆的储存功能，但更加偏重于知识的传播。面向大众的公共图书馆以阅读为中心功能，跳出了传统的知识特权与垄断，实现了书籍和知识的社会化和民主化。在中国当今的图书馆事业中，最具活力的当推公共图书馆，而在公共图书馆之中，又以大中城市的图书馆最有特色。

城市图书馆总是与文化生活联系在一起。城市图书馆是隐藏在喧闹匆忙城市中安静隽永的一隅，巧妙融合传统文明与现代化都市时尚，镌刻属于一座城市的特有的文化印记。在这里，一缕书香、一次活动就将城市的文化生活唤醒了。市民们在图书馆中畅享活色生香的世俗生活与传统民族文化，感受着城市图书馆对于城市文化的保存与维护、传承与发扬。

城市图书馆及其体系是城市化进程中的重要一环。城市中由公共图书馆组成的公共图书馆服务体系和以公共图书馆等公共文化设施为重点构成的公共文化设施网络，是全面推进基本公共文化服务标准化与均等化的重要措施与手段。通过城市图书馆与公共图书馆服务体系建设推动现代公共文化服务体系的发展、提高公共文化服务效能，是当代中国图书馆的发展目标之所在。

城市图书馆是集中展示图书馆职业专业性的场所。图书馆职业从诞生至今一直与非专业化的职业刻板印象进行抗争，我国的图书馆员也在为职业形象的专业化不懈奋斗。好在这样的付出已经收获了回报，我国图书馆职业的专业性已经得到读者的广泛认同。这之间，城市图书馆与图书馆员功不可没。图书馆员将专业性融入图书馆的愿景、规划、改革举措、日常运行、读者活动之中，让市民体会着职业专业性为城市文化生活带来的亮色。

中国的城市图书馆是对外宣传的文化名片。提高国家文化软实力，是党和国家的一项重大战略任务。作为公共文化设施之一的城市图书馆，一直履行着夯实国家文化软实力根基的责任，使中华民族最基本的文化基因与当代文化相适应、与现代社会相协调。在本套丛书中，我们不难发现城市图书馆在此方面付出的努力，这也是我们想要通过本套丛书向外传达的信息。

“21 世纪中国城市图书馆丛书”第一批收录的 12 个图书馆是我国 21 世纪城市图书馆整体风貌的缩影，由南至北分布在近 10 个省，具有很强的代表性。这 12 个图书馆各具特色，在管理运营、文化活动、资源开发与服务等众多方面有许多创新之处被总结积累下来。值此“一带一路”倡议推广之际，双语版的形式能更好地将我国城市图书馆在 21 世纪的创新与特色与世界分享，将优秀文化传播出去，让更多的人了解中国的城市图书馆，进而了解中国。

2017 年 9 月 20 日

General Preface

Chinese culture has a long and eternally renewed history. Excellent Chinese traditional culture is the most profound cultural soft power and the cultural fertile soil where the socialism with Chinese characteristics is rooted. In order to achieve "Two Centenary Goals" and realize the "Chinese Dream" of the great rejuvenation of the Chinese nation, we must make full use of the great wisdom that the Chinese nation has accumulated for thousands of years. The library, as the institution of literature, which has collected a large number of books involving the essence of Chinese culture with five thousand years, has high cultural value. The library has been evolving from the ancient library to the public library today. The librarianship, supported by the Communist Party of China (CPC) and Chinese government, shows a vigorous and flourishing trend.

At the same time, China is trying to construct a public cultural service system, which is an important part of the overall layout of the cause of socialism with Chinese characteristics and the important arrangement of the strategic layout to achieve the coordinated development of economy, politics, culture and society. The construction of the public cultural service system, closely related to the people's interests, is an important guarantee to promote social harmony and stability and build the common spiritual home of the Chinese nation. The public library service system, as an important part and supporting strength of the public cultural service system, has its own natural advantage and responsibility in the construction of standardization and equalization of public cultural services and the layout of the public cultural network. Although modern libraries retain the storage function of traditional libraries , they focus more on the spread of knowledge. With reading as the core function, public libraries are open to the public. They get rid of the traditional privilege and monopoly on knowledge and realize the socialization and democratization of books and knowledge. The most dynamic libraries in Chinese modern librarianship are public libraries , among which the ones in the large and medium-sized cities are the most distinctive.

City library is always associated with cultural life. As a quiet and meaningful place hidden in the noisy and busy city, city library offers a subtle blend of traditional civilization and modern urban fashion, engraved with the unique cultural mark belonging to a city. One book or one activity will wake up the cultural life of a city. Citizens in the library can enjoy the rich and colorful secular life and the traditional culture, and feel the efforts of the city library in preservation and maintenance, the inheritance and spread of urban culture.

City libraries and their system are an important part of the process of urbanization. The public library service system composed of public libraries in cities, and the public cultural facilities network focusing on the public cultural facilities such as public libraries, are the important measure and means to comprehensively promote the standardization and equalization of the basic public cultural services. To promote the modern public cultural service system and improve the efficiency of the public cultural services by constructing the service system of city library and public library is the goal of Chinese libraries.

City library is a place to intensively show the professionalism of the library profession. Since the birth of the library profession, it has been resisting against the non-professional stereotypes. Librarians also strive to establish a professional image. Fortunately, such efforts have been paid off. The library profession has been widely recognized by readers. City libraries and their librarians have made a great contribution to it. Librarians integrate the professionalism into the vision, planning, reform initiatives, daily operation and reader activities of their libraries, so that the public are able to enjoy the beauty of urban cultural life created by the professionalism.

City library in China is a cultural card for publicity. Improving the national cultural soft power is a major strategic task of the CPC and the nation. City library, as one of the public cultural facilities, has been performing the duty to consolidate the foundation of the national cultural soft power, and coordinate the most basic cultural genes of the Chinese nation with contemporary culture and modern society. It is not hard to find the great efforts of city libraries, which we want to spread through the series.

12 libraries of the first batch included in "Series of China's City Libraries in the 21st Century" are the epitome of the overall scene of China's city libraries in the 21st century. From the South to the North, they are distributed in nearly 10 provinces and have strong representativeness. These 12 libraries with their own characteristics have a lot of innovations in various aspects such as management and operation, cultural activities, resource development and service. On the occasion of promoting the Belt and Road Initiative, the bilingual version will be helpful in sharing the innovations and characteristics of China's city libraries in the 21st century with the world, and spreading the excellent culture, trying to enable more people to know China's city libraries and to know China well.

Wu Weici

Sept. 20, 2017

目 录

历史篇

践行篇

CONTENTS

History

Practice

CONTENTS

CONTENTS

杭州圖書

历史篇

01

第一章
杭州城市文化纵览

杭州，素以风景秀丽著称于世，是中国七大古都之一和国务院首批公布的历史文化名城，是全国最负盛名，也是世界闻名的风景优美城市之一。

第一节

杭州的城市演进

杭州，素以风景秀丽著称于世，是中国七大古都之一和国务院首批公布的历史文化名城，是全国最负盛名，也是世界闻名的风景优美城市之一。杭州之美，不仅在于西湖绮丽的湖光山色，更在于其丰厚的历史文化积淀。伴随着中华民族的发展进程，历史在这里留下了鲜明的足迹，形成了特有的历史人文景观，杭州在中国政治经济、文学艺术、科学技术等各个领域都有着令人瞩目的地位。

萧山跨湖桥遗址的发掘证明8000年前人类就在此繁衍生息，距今5000年的余杭良渚文化更是被誉为“文明的曙光”。秦始皇统一六国之后，推行郡县制，于今杭州设置钱唐、余杭两县，隶属于会稽郡。自此，杭州开始了它的建城史，至今已有2200余年。

两汉时期，三吴（吴郡、会稽、吴兴）经济已被开发。尤其是王莽之乱以后，大量北方居民南迁，带来了中原地区先进的生产技术和经验，为江南经济文化的快速发展增添了助力。自三国东吴开始，以后延绵300余年间，三吴地区的经济已有“以区区吴越，经纬天下十分之九”之说。其间，钱唐县在文化建设上可圈可点，在地区社会经济发展中取得无数辉煌成就。《南史》有记载说，东晋及南朝时，钱唐县人才崛起，可谓“千岩竞秀，万壑争流”“天下有五绝，而皆出钱唐”。随着江南各地经济的长足发展，杭州也繁荣起来，南北朝末年，杭州已经从一个小县发展为郡城。

杭州真正的繁荣始于隋唐。隋文帝置杭州，“杭州”从此成为专有地名，并且确立了作为州、郡级政区的地位。江南运河通航的杭州，水居江海之会，陆介两浙之间，“川泽沃衍，有海陆之饶；珍异所聚，故商贾并凑”，奠定了大都市形成的基础。经济的发展，城市的扩大，商业的繁荣，使人口随之繁衍。秦汉时，杭州地区的人口尚不过数万，大部分都是以农桑为生，及至唐代，杭州地区的人口已达近 60 万，其中城市居民就不下 10 余万，杭州逐步成为东南沿海重要的政治、经济和文化中心，是当时全国著名的大城市之一。《全唐文》之《杭州刺史厅壁记》中写道“东南名郡……咽喉吴越，势雄江海。……骈樯二十里，开肆三万室”。中唐时，诗人杜荀鹤的诗句“夜市桥边火，春风寺外船”，描绘了当时杭州富有生趣的夜生活。

至五代十国，钱镠为吴越国国王，建都杭州，开始了城市建设的系统规划。钱氏治杭 85 年，吴越有国 72 载，这期间钱氏始终贯彻“保境安民”的宗旨，故而战争较少，社会安定。吴越自然条件优越，加之统治者奖励农工业生产，社会经济得以稳定发展，因此该地区成为五代十国时期经济繁荣、文化昌盛的先进地区，史称“钱塘富庶，盛于东南”。尤其是对钱塘江的整治，大大促进了吴越国和沿海各地的来往，甚至一些邻国也通过钱塘江和吴越国建立了贸易联系，使这个城市名扬海外。王明清《玉照新志》中写道：“杭州在唐，繁雄不及姑苏、会稽二郡，因钱氏建国始盛。”

以杭州为国都的吴越国到 978 年宣告结束，虽然历时短暂，但它使杭州跻身全国重镇的行列，成为中国七大古都之一。从五代进入北宋时，南唐首都金陵与吴越首都钱塘遭际完全不同，北宋欧阳修在《有美堂记》中对此有非常中肯的论断：“金陵以后服见诛，今其江山虽在，而颓垣废址，荒烟野草，过而览者，莫不为之踌躇而凄怆。独钱塘，自五代始时，知尊中国，效臣顺。及其亡也，顿首请命，不烦干戈，今其民幸富完安乐。”唐末至五代，中国处于干戈扰攘、四方鼎沸的时代。唐代末年起，全国众多一流大都市如长安、洛阳、扬州等，无一不遭受战乱的劫掠，唯独两浙地区在钱氏苦心维持下，晏然无事长达 90 年，是当时全国唯一的安宁地带，杭州因此得以成为乐土中的天堂，其繁荣富盛自然是其他兵乱地区难以比拟的。

吴越国钱俶纳土归宋后，杭州由吴越国都降为北宋地方政权的治所。此时的杭州，无论人口还是商税都已远远超越苏州，成为东南地区的经济中心。

南宋高宗建炎三年（1129 年），杭州改称临安府，绍兴八年（1138 年），杭州被定为国都，当时称为“行在所”。“辇毂驻跸，衣冠纷集，民物阜蕃，尤非昔比”。自吴越以来的“东南第一州”，一跃成为全国的政治、经济、教育、文化中心，杭州的都市发展达到了最为繁华辉煌的时期。

位于严官巷的南宋三省六部北围墙、御街等遗址发掘现场

北宋中期，杭州城区人口已“甲于两浙”。靖康之难后，“高宗南渡，民之从者如归市”“四方之民云集两浙，百倍常时”“大驾初跸临安，故都及四方士民商贾辐集”“西北士大夫，多在钱塘……”随着城市人口的增长，杭州城内居民结构也呈现出了显著的特点：四分之一的市民属于官吏士人，官吏人数之多为全国之最；三分之一的市民从事工商业，这一比例远远超过了唐代的长安和北宋的汴梁；近十分之一的市民从事文化教育、戏曲艺术等社会活动，这个比例是全国其他州郡的数倍甚至十倍以上。这一特殊的人口结构证明了临安作为全国政治、经济和文化中心的都市地位。

从元朝开始，杭州由都城降为一个行省的省会，但是由于南宋在此奠定的雄厚基础，加上优越的自然条件和人文环境，使它始终是中国东南地区的一个重要城市。

元灭宋以后的90多年时间里，杭州地区天灾人祸频发，城市发展也进入了低谷时期。尽管如此，当意大利旅行家马可·波罗于13世纪末来到这个城市时，杭州的规模之大和环境之美仍使他感到非常震撼，他赞美杭州为“天城”，是“世界上最美丽最华贵之城”。明清时期，杭州的城市建设尤其是商业逐渐恢复和发展起来，杭州成为全国33个较大的商业和手工业城市之一。“地广户稠，商贾辐辏，逐末者众，家解盖藏朝饔夕飧，率皆取给于市”，杭州居民的生活方式由此可见一斑。

19 世纪中叶以后的中国陷入长期困顿与内忧外患的状态之中，社会生产与发展不断遭到破坏，杭州的城市建设进入发展缓慢甚至停滞的状态。

民国时杭州大佛寺旧影

第二节

杭州的书业文化

在两千多年的都市发展过程中，杭州日渐形成独领风骚的大都会样貌。而作为城市文明的载体，杭州的书业文化亦形成了属于自己的独特元素，在中国书业史中写就了浓墨重彩的篇章。

书业由藏书、刻书、贩书三部分组成，三者各成事业又彼此辅佐。书业的繁盛与沿革，不仅反映同时也推动了中华民族文化底蕴的凝聚。杭州的贩书业最早可追溯至东汉，有据可考的藏书业则始于魏晋，刻书业的兴起是在中唐。元稹《<白氏长庆集>序》记载，他和白居易两人所作诗篇在当时流传相当广泛，并自注云："杨、越间多作书，模勒乐天及予杂诗，卖于市肆之中也。"王国维据此以为，"夫刻石亦可云模勒，而作书鬻卖，自非雕版不可"，并肯定地推断出"则唐之中叶，吾浙已有刊版矣"。著名史学家吴晗在《两浙藏书家史略》中对书业与文化学术、社会生活、经济盈亏之关系有过非常精辟的论证："藏书之家，插架亦因之愈富，学者苟能探源溯流，钩微掘隐，勒藏家故实为一书，则千数百年来文化之消长，学术之升沉，社会生活之变动，地方经济之盈亏，固不难一一如示诸掌也。"

一、吴越与北宋：雕版印刷称誉当世

对书业文化起到巨大推动作用的，一是造纸术的发明，另一个就是雕版印刷术的出现。中国发明雕版印刷术的时间，史书上有明确记载的，最早是在中唐。也正是此时，杭州书坊渐兴，刻字工匠大批涌现，印刷业开始在全国享有声誉。如中国最早的刻书《白乐天集》《元微之集》就是在杭州刻印的，西湖版刻亦随之盛名渐起。

杭州的雕版印刷于五代吴越时开始兴盛。印刷术的普及使书籍能成批量印行，这就为藏书创造了物质条件。同时吴越统治者尚文重教，意在网罗天下文人学士。文风的昌盛为各种藏书活动的发展营造了社会氛围。杭州地区的私家藏书主要集中在吴越国王钱氏家族。据《十国春秋》等史料勾稽，吴越国王钱镠子孙颇多雅爱儒术、性喜藏书之士，钱氏家族藏书盛于一时。

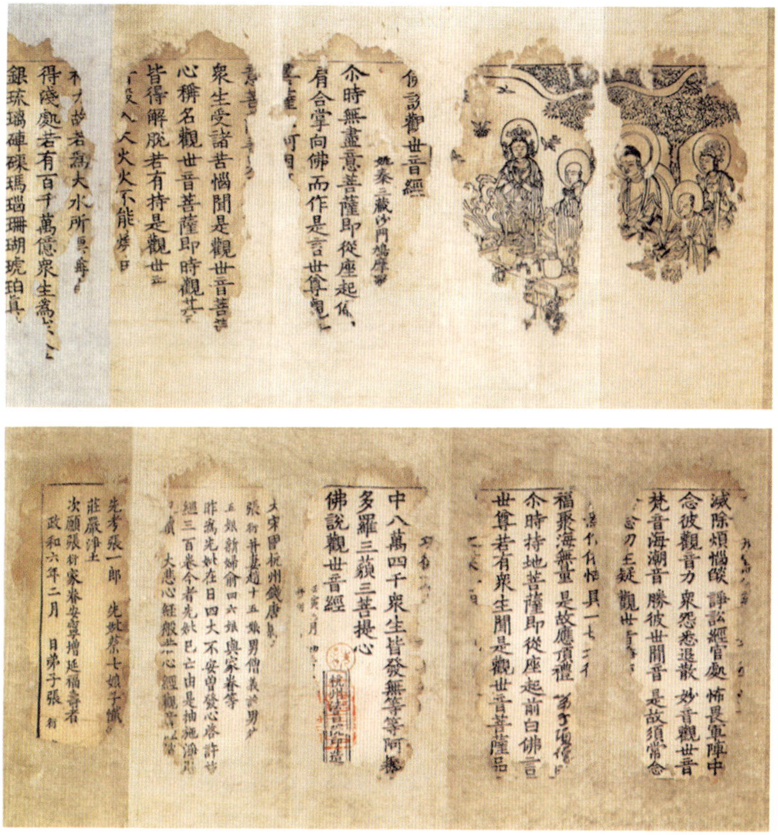

五代吴越国杭州刻本《佛说观世音经》一卷

杭州的佛寺藏书也始于吴越。钱氏国王崇尚佛教，统治期间大兴寺庙，建造佛塔，广凿石窟造像，雕刻佛经。当时的国都杭州有“东南佛国”之称。20 世纪 30 年代雷峰塔倒塌时，在塔砖的中心发现的陀罗尼经卷即为北宋开宝八年（975 年）钱俶时所刻。此经卷印刷数量庞大，版面清晰，用纸讲究，反映了吴越地区崇佛的风气，同时也印证了吴越地区印刷技术的高超。当时吴越最著名的高僧延寿深得国王钱俶的信任。据张秀民先生考证，“钱弘俶（即钱俶）与延寿所印佛教经像、咒语，有数字可考者，共计六十八万二千卷（或本）。数量之巨，在中国印刷史上可说是空前的，后来也是少见的。”

钱俶统治时期，杭州的雕版印刷技术已达到了“扉页线条明朗美观，印纸洁白，墨色精良，清晰悦目，千年如新”的水平，由此奠定了杭州在全国书籍印刷业的地位，并对古

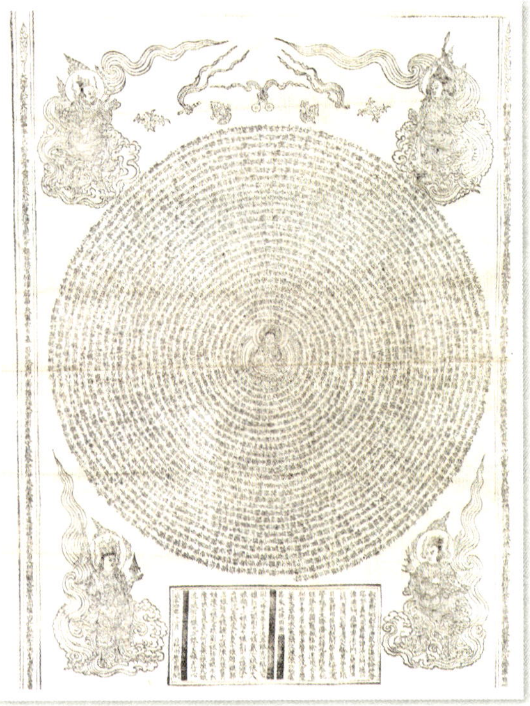

北宋咸平四年（1001 年）杭州赵宗霸刻本《大隋求陀罗尼经咒》一卷

代刻书事业发展有着极大的影响。北宋除京都汴京外，浙江的杭州、福建的建阳、四川的眉山号称全国三大刻书中心。宋人叶梦得在《石林燕语》中说：“今天下印书，以杭州为上，蜀本次之，福建最下。京师比岁印板，殆不减杭州，而纸不佳。蜀与福建多以柔木为之，取其易成而速售，故不能工。福建本几遍天下，正以其易成故也。”王国维《两浙古刊本考》云：“浙本字体方正，刀法圆润，在宋本中实居首位。宋国子监刻书，若《七经正义》、若《史》《汉》三史、若南北朝七史、若《资治通鉴》、若诸医书，皆下杭州镂版。北宋监本刊于杭者，殆居大半。”由此证明，宋代京都汴梁国子监刻印的书，如《七经正义》、《史记》、《汉书》、《后汉书》、南北朝史、《资治通鉴》以及医书等重要著作，都是发往杭州先行雕版。尤其医书，一字差误，其害不轻。古代藏书史上均以宋刻为善，而宋刻医书更多出自杭州。杭州书业的刻写精湛和校勘精工因此得到反复证实。北宋哲宗时，福建商人徐戬在杭州私自刻印了《夹注华严经》等书运往邻国贩卖，获利甚厚，后被杭州在任知州苏东坡发现，曾奏请朝廷禁止。

二、南宋：举国印书杭州为上

宋室南渡后，杭州逐渐成为全国的政治、经济、文化中心。叶梦得在《避暑录话》中说：“吴下全盛时，衣冠所聚，士风笃厚”，亦所谓“辇毂驻跸，衣冠纷集，民物阜蕃，尤非昔比”。全国文化中心的南移，让杭州地区人才荟萃，更触发了这座城市居民书籍需求量的激增。与整个城市文明发达相呼应的是，书业文化达到空前的高度。中国传统藏书活动可分为官府、私人、书院、佛寺道观四大体系。南宋时期，各类藏书活动在杭州得以齐全展示。其中，官府藏书尤为壮观。北宋末期“靖康之难”后，汴梁的馆阁藏书全数毁于战乱。南宋的馆阁藏书均为建都杭州后另行征集、购置，渐复旧观。《宋史・艺文志》有载：

“高宗移跸临安，乃建秘书省于国史院之右，搜访遗阙，屡优献书之赏。于是四方之藏，稍稍复出，而馆阁编辑日益以富矣。当时类次书目，得四万四千四百八十六卷。至宁宗时续书目，又得一万四千九百四十三卷，视《崇文总目》又有加焉。”

当时，杭州的印刷业可分官营和私营两类。官营所刻的书分朝廷主持和临安府主持两类。朝廷主持刻印的书籍称为“监本”。据《宋史·职官志》载，监本所印内容为“经史群书”，“以备朝廷宣索赐予之用，及出鬻而收其直，以上于官”。可见，宋时的监本除一部分供朝廷赏赐群臣百官外，尚有一部分作为商品出售。除国子监藏书以外，望仙桥德寿殿、凤山门修内司、左廊司局以及浙西转运司与临安府等机构也设有从事刻印的官府作坊，流传后世的版本中可以见到众多官府刻书，以出于杭州者独多。私人刻印活动也很发达，特别是北宋熙宁年间以后，朝廷刻书禁令松弛，坊刻、家刻于是盛极一时。据《梦粱录》《武林旧事》《都城纪胜》等书记载，私家刻书有名可考者有近 20 家。近代藏书家获得的宋代善本，大多不限于官刻图书，而私家书坊雕版印刷图书甚多，原因在于私家刻坊为求市场收益，不仅追求雕工完善，而且印刷量大且快速。

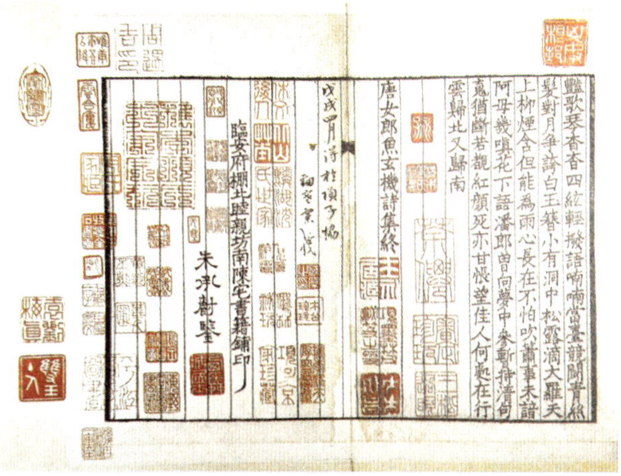
唐女郎魚玄機詩集終
臨安府棚北睦親坊南陳宅書籍鋪印

南宋临安府陈宅书籍铺刻本《唐女郎鱼玄机诗集》

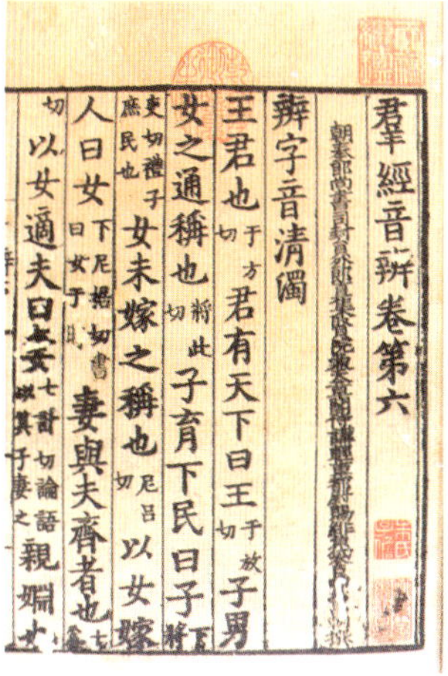
羣經音辨卷第六
辨字音清濁
王君也 君有天下曰王 子男
女之通稱也 子育下民曰子
女未嫁之稱也 尼呂切 以女嫁
人曰女 妻與夫齊者也
切 以女適夫曰妻 七計切 親

南宋绍兴九年（1139 年）临安府学宋元递修本《群经音辨》七卷

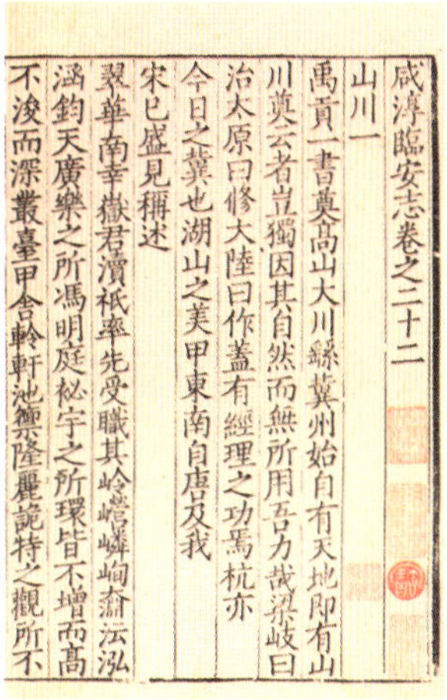
咸淳臨安志卷之二十二
山川一
禹貢一書奠高山大川繇冀州始自有天地即有山
川奠云者豈獨因其自然而無所用吾力哉梁岐曰
治太原曰修大陸曰作蓋有經理之功焉杭亦
今日之冀也湖山之美甲東南自唐及我
宋已盛見稱述
翠華南幸嶽君瀆祇率先受職其岭嶝嶙峋淪沄泓
涵鈞天廣樂之所馮明庭祕宇之所環皆不增而高
不浚而深叢臺甲舍軨軒池籞隆麗詭特之觀所不

南宋咸淳刻本《临安志》一百卷

南宋杭州刻书，不仅规模宏大，而且追求质量。雕版字体工整，刀法圆润，纸坚色白，墨色香淡，且校勘尤为缜密，这是后世非常珍视宋版书籍的主要原因。南宋时期杭州发达的印刷业让无数古代书籍得以重生、流传并存留至今。其中有《续资治通鉴长编》《建炎以来系年要录》《通鉴纪事本末》等颇具分量的史书巨著，也有《东都事略》《中兴小记》《建炎以来朝野杂记》等所谓的“别史”“野史”；有著名的临安三志，也有《都城纪胜》《梦粱录》《武林旧事》等地方性史料。

南宋临安府贾官人经书铺刻本《妙法莲华经》七卷

三、元明清：校刻严谨，藏书宏富

元明清时期，杭州城市发展几经起伏，但书业文化依然发达，尤其是清代，达到了鼎盛时期，藏书家层出不穷，为保存和弘扬祖国的文化遗产做出了不可磨灭的贡献。元代建都北京，全国经济、政治、文化中心因此北移，对于图书刻印活动也有一定影响。但杭州刻本凭借其深厚的历史积淀和精美的印刷品质，依然得到中央政权的信任和扶持。就官刻本而言，元代朝廷所修的三部大型史书——《辽史》一百一十六卷、《金史》一百三十五卷及《宋史》四百九十六卷，就是由杭州路儒学“锓梓印造装褙”的。

元代杭州的书院刻书属“后起之秀”，主持书院的山长大多是学问专深的文人，对于刻书活动的监督十分认真，这使得该时期的书院刻本大多胜于宋版。其中，尤以西湖书院之藏刻为佼佼者。在寺院佛经的刻印方面，元大德年间在杭州路大万寿寺所刊的《河西字大藏经》充分显示了杭州印刷技术力量之雄厚，不仅能刻印汉文书籍，还刻印了一些少数民族文字书籍。

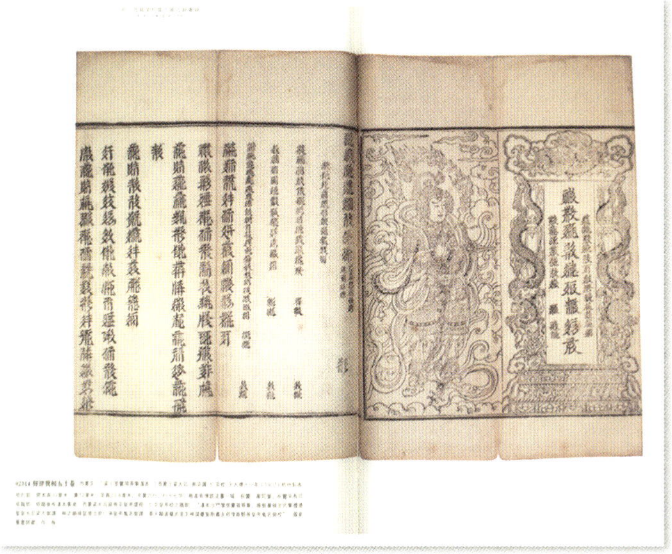

元大德杭州路刻本西夏文《经律异相》五十卷

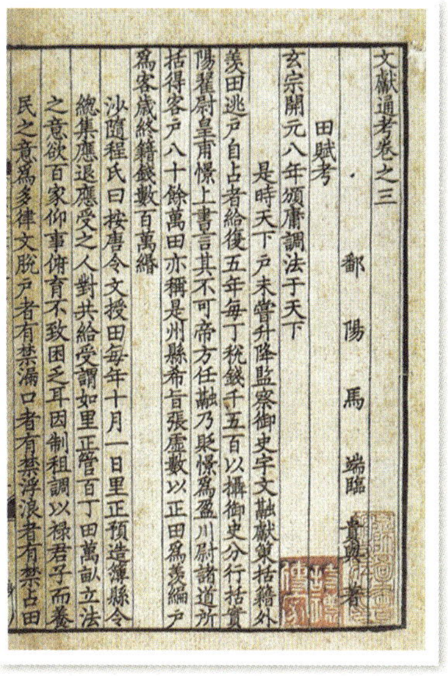

文獻通考卷之三

鄱陽馬端臨貴與著

田賦考

玄宗開元八年頒庸調法于天下

是時天下戶未嘗升降監察御史宇文融獻策括籍外羡田逃戶自占者給復五年每丁稅錢千五百以攝御史分行括實陽翟尉皇甫憬上書言其不可帝方任融乃貶憬爲盈川尉諸道所括得客戶八十餘萬田亦稱是州縣希旨張虛數以正田爲羡編戶爲客歲終籍錢數百萬緡

沙隨程氏曰按唐令文授田每年十月一日里正預造簿縣令總集應退應受之人對共給受謂如里正管百丁田萬畝立法之意欲百家仰事俯育不致困乏耳因制租調以祿君子而養民之意爲多律文脫戶者有禁漏口者有禁浮浪者有禁占田

元泰定元年（1324 年）杭州西湖书院刻本《文献通考》

此时杭州的藏书家数量位居浙江之首。当时浙江著名藏书家不下十家，杭州就占了五六家之多。据《明史》记载，元代后期“铁崖体”诗人杨维桢（1296—1370）少时，父亲为其筑室于铁崖山中，聚书数万卷，每日令其诵读，长达五年之久，其家藏书之丰富可见一斑。

明朝开国皇帝朱元璋建都南京，将元代杭州西湖书院所藏南宋国子监书版 20 多万片悉数移到南京国子监。王国维称此为“吾浙之宝藏俄空焉”。毛春翔先生在《古书版本常谈》中也说：“有明一代，杭州刻书之业，凋敝不堪，无足称述。”明代胡应麟说：“凡刻书之地有三，吴、越、闽。其精吴为最，其多闽为最，越皆次之。其直重，吴为最，其直轻，闽为最，越皆次之。”至于藏书业，与同时代浙江其他藏书家相比，如宁波天一阁的范钦，嘉兴天籁阁的项氏，吴兴白华楼的茅坤等，虽然杭州的藏书家也不少，但名声稍稍逊色一些，多收于清人丁申的《武林藏书录》中。如著名戏曲家高濂在苏堤跨虹桥畔构筑一藏书处，名曰“妙赏楼”，以收藏古今图书称富。

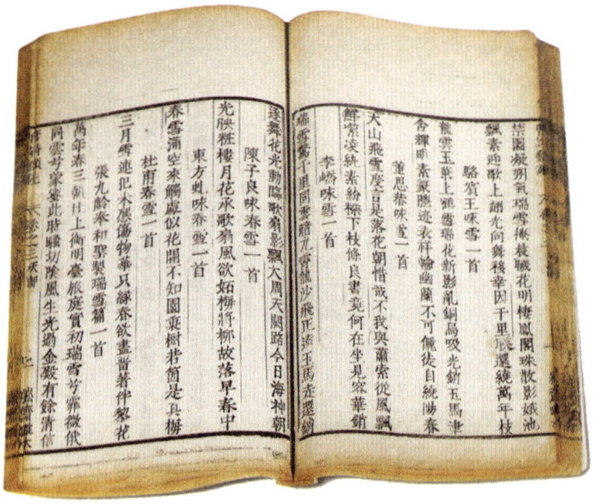

明万历十四年（1586 年）钱塘崧斋木活字印本《唐诗类苑》

明崇祯十二年（1639 年）杭州名刻工项南洲刻刊本《娇红记》插图，陈洪绶绘

清代杭州的印刷业虽不及两宋时那样发达，但在全国印刷史上还是占有一席之地的。清代杭州刻书业沿袭旧制，分官刻、坊刻和家刻。清朝前期和中期，杭州的官刻书业并不兴盛。晚清时期，已经成为朝廷重臣的曾国藩疾呼知识分子维护传统文化，全国各地纷纷建立官书局。浙江官书局便设于杭州，刊刻多为普通读物，价格低廉，求之较易，但品质良莠不齐。咸丰、同治年间，浙江官书局将校勘之责交予谭献、黄以周等人。这期间，浙江官书局出了一批底本考究、校勘精良的刻本。例如，《九通》《玉海》等，错讹极少，质量可能超过殿本；《当归草堂丛本》《武林掌故丛编》等书在版式上完全不输丁氏本。这些刻本字体秀丽，胜过金陵书局。这一时期杭州的书坊不甚发达。清初时，“闽版书本久绝矣，惟白下（南京）、吴门（苏州）、西泠（杭州）三地书行于世，然亦有优劣：吴门为上，西泠次之，白下为下。”从道光年间直至清末，书坊刻书逐渐集中于南北二京和苏扬二州，杭州坊刻活动渐趋萧条。但与之相反的是，杭州书院刻书却颇有建树，如阮元创立的诂经精舍刊有《诂经精舍文集》八集，紫阳书院连续刻印《铁桥志书》二卷、《文嘻堂书集》三卷、《婺源山水记》二卷，这些都是清刻图书中的善本，具有极高的学术价值。

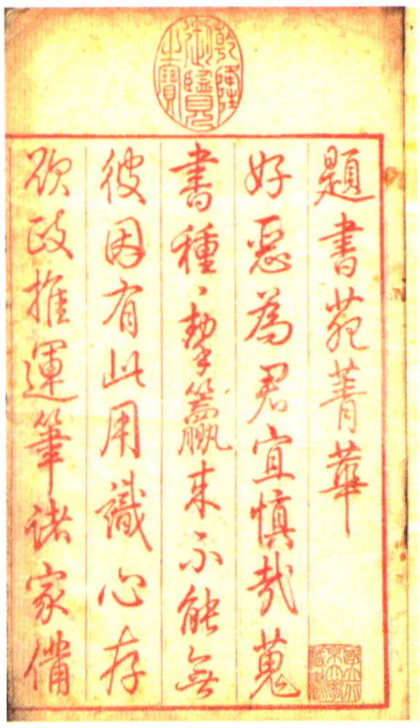

清乾隆钱塘汪氏振绮堂刻本《御览书苑菁华》二十卷

两浙地区的文人学士历来有将藏书作为自己终身事业的文化

传统，虽然经历多次劫难，但这种精神始终存留。清代杭州地区的私家藏书活动规模超越了宋元明任何一个朝代，达到了鼎盛时期。当时杭州城里有名的藏书家有 10 多家，他们不仅以藏书量巨大而蜚声四海，更因在古文献保护活动中的作为而名垂千古。这些藏书家的藏书楼包括赵氏“二林”的小山堂、杭世骏的道古堂、汪宪的振绮堂、鲍廷博的知不足斋、丁国典的八千卷楼等。杭州私人藏书业的鼎盛也带动了本地私家刻书的繁荣。这一时期，出现了大批纸墨精良、底本精审、校雠谨慎、刊刻考究的私刻图书，被后人命名为“精刻本”，如《知不足斋丛书》《抱经堂丛书》《文选楼丛书》《武林往哲遗著》等。

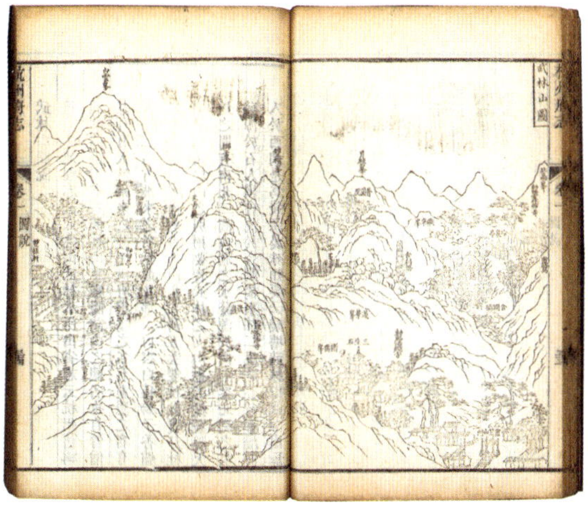

清乾隆四十九年（1784 年）杭州府署刻本《杭州府志》一百一十卷

四、文澜阁：城市文化软实力的见证

在中国古代社会，书是文化得以传承的最重要的物质载体，书文化的繁盛能够折射出整个城市的强盛。南宋时期的杭州文化达到一个全新的高度。当时杭州雕版印刷技术全面成熟，官府藏书与书院、寺院、私家藏书发展兴盛，杭州的书文化环境形成了保存文献、传播学术的有效文化机制。这一文化机制影响了社会文化活动的多个领域：① 图书收藏与内容校勘并重，图书刻印与市场销售互动，形成了文化传承与经济活动良性循环的书业市场格局；② 传统图书刻印的雕版版式、字体风格在这一时期逐渐发展定型，成为以后图书出版的基本规范；③ 图书刻印的市场化使书业活动形成规模，让图书文献走向了市民大众，为全社会“耕读文化”氛围的形成奠定了资源基础；④ 众多民间藏书家的出现对于中华传统文化的传承有着决定性的影响。

清乾隆三十八年（1773 年），皇帝下令编纂《四库全书》，至乾隆四十七年（1782 年）完成。《四库全书》是迄今为止世界上卷帙最为浩繁的一部丛书。按照原定计划《四库全书》抄写四部，分别收藏于清宫文渊阁、圆明园文源阁、沈阳清旧都文溯阁、承德避暑山庄文津阁。乾隆四十七年（1782 年）七月第一部《四库全书》抄成后，乾隆下旨，称“因思江浙为人文渊薮”，愿读此书的人定然很多，命再抄三部，在扬州建文汇阁、镇江建

文澜阁

文宗阁、杭州建文澜阁分别入藏，于是有了“南三阁”之说。“南三阁”之一的文澜阁选址于杭州，显现了杭州作为全国文化重镇的特殊地位。同年，浙江地方长官陈辉祖、盛住改建西湖孤山圣因寺的玉兰堂以备《四库全书》南来。改建经费由浙江盐商赞助，乾隆四十八年（1783 年）末，文澜阁建成。乾隆四十九年（1784 年）正月，乾隆驾幸文澜阁，为南三阁“饬发内帑银百万余两，觅书手予值缮写”。文澜阁《四库全书》仅缮写一项就要耗费白银数十万两。乾隆五十五年（1790 年），《四库全书》陆续运到杭州，经装潢后入贮文澜阁。装潢后的经部图书用葵绿绢面，史部图书用红绢面，子部图书用月白绢面，集部图书用黑灰绢面，每册书首页钤“古稀天子之宝”（白文），末页钤“乾隆御览之宝”（朱文），书用楠木匣收藏。至此，文澜阁达到了“阁巍书雅，美轮美奂”的境界。

《四库全书》编纂过程中，浙江籍人士的贡献甚多。据乾隆三十八年（1773 年）的统计，浙江地区献书达 4318 种，次年又有呈献，为全国之冠。史料表明，当时全国私人献书在 500 种以上的有四家，杭州就有两家：鲍士恭的知不足斋，献书 626 种；汪启淑的开万楼，献书 524 种（一说是 600 余种）。此外，吴玉墀的瓶花斋献书 305 种，孙仰曾的寿松堂献书 231 种，汪汝瑮的振绮堂献书 300 余种。文澜阁能落户杭州，与此不无关系。

按照乾隆五十九年（1794 年）的严命，文澜阁《四库全书》对浙江读书人开放。自此，一批批文化人来此读书、抄书、校书。马一浮说：“书读孤山穷四库，生也有涯知无涯”。文澜阁对读书并无限制，只要不污损书籍，均准许借读。清代浙江学风兴盛，人才辈出，也和文澜阁有着密切联系。

第三节

公共图书馆在杭州的发端

清朝晚期，欧风东渐、西学东来。面向公众的近代图书馆活动进入中国，杭州及时地感受到并紧紧抓住了这缕“新文明的曙光”，中国第一座公共图书馆在此诞生，这个书香城市的文化保存和传承方式开始发生巨大变化。百余年来，杭州的公共图书馆活动成为公共文化服务体系的重要力量，图书馆建设成为城市建设中不可或缺的一项内容。

清光绪二十六年（1900 年），杭州知府朱启凤顺应时代潮流，应社会贤达邵章、胡焕之请，创办了杭州的第一所官办公共藏书楼——杭州藏书楼。光绪二十九年（1903 年），浙江学政张亨嘉与浙江巡抚聂缉椝商定，扩充杭州藏书楼为浙江藏书楼。宣统元年（1909 年）浙江巡抚增韫又奏请朝廷批准，将浙江藏书楼与浙江官书局归并扩充，创建浙江图书馆，民国元年（1912 年）正式开馆。

开馆于民国元年（1912 年）的浙江图书馆

民国时期，杭州市及其今所属各县公共图书馆活动发展较快。在杭州地区除浙江图书馆外，1917 年浙江省议会决定在公众运动场附设通俗图书馆，1919 年正式对外开放。1925 年 3 月，私立浙江流通图书馆诞生。1930 年，杭州市儿童图书馆创立，至抗日战争前的 1936 年藏书达万册以上。1931 年起，杭州城区先后建立市立第一、第二、第三、第四、第五共五个民众教育馆，均有一定数量藏书，供市民阅览和借阅。

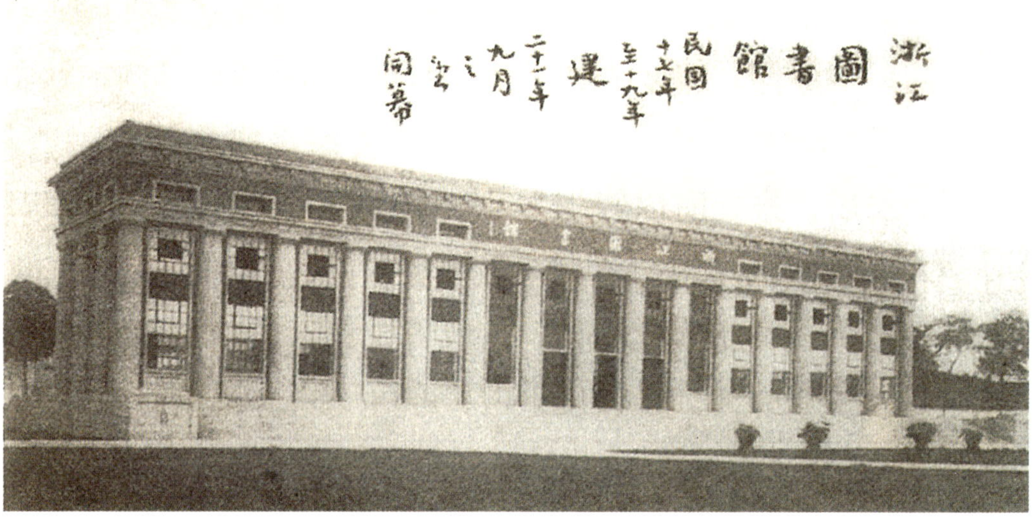

兴建于民国 17 年至 19 年（1928—1930）的浙江图书馆大学路馆

当时，杭州市所辖的各县普遍建立了公共图书馆。1917 年，临安、昌化、於潜县立通俗图书馆成立，嗣后分水（今属桐庐）、淳安、杭县（今属杭州市余杭区）、萧山、余杭（今属杭州市余杭区）、桐庐、富阳、新登（今属富阳市）等县相继成立了县立图书馆。今属杭州市的建德市建有民众教育馆等。与此同时，杭县塘栖、临平、祥符桥、丁桥、七贤桥、乔司等区（乡、镇）亦有基层公立图书馆陆续设立。20 世纪 30 年代后期，日军侵华战争令各地公共图书馆普遍遭到破坏，藏书损失严重。

02

第二章

杭州图书馆的发展历程

1949 年中华人民共和国成立，时代的变迁为杭州城市图书馆活动提供了发展契机。

第一节

蹒跚起步的甘苦

一、从无到有：新时代的产物

1949 年中华人民共和国成立，时代的变迁为杭州城市图书馆活动提供了发展契机。1958 年，全国人民的社会主义经济文化建设热情高涨，杭州市新华书店也成立了一批下属单位，包括出版社、图书出租公司以及图书馆。

在没有馆舍，没有藏书，更没有经费的情况下，如何成立一个图书馆？负责建馆的几位员工决定借用新华书店二楼约 80 平方米的会议室作为借阅室，并将会议室外的门厅改建成阅览室，一个极其简陋的图书馆——杭州图书馆就在这里发展起来。

杭州图书馆初期的藏书是图书馆员工想方设法从各处收集起来的。市文化局原来有个图书室无人照管，图书馆从那里获取了第一批 3000 余册藏书。只是这批书过分破旧，真正能用于流通的不过半数。第二批藏书是浙江图书馆赠送的。浙江图书馆接到杭州图书馆的请求后，提供了大约 5000 册图书，并热心提供了财产登记簿、目录卡、书根卡等图书馆活动的必需品。

筹备初期，图书馆藏书基础很弱，尤其是最受读者欢迎的文学类图书寥寥无几。有位图书馆职工曾是书店营业员，比较了解读者的需求，其到新华书店门市部为图书馆选购了一批当时的热门小说类书籍，如《红岩》《上海的早晨》《苦菜花》《静静的顿河》等，再加上新华书店订阅的 20 余种报纸、杂志，图书馆服务的基本条件大体具备。1958 年 7 月 1 日，杭州图书馆成立大会在省立杭州女子中学大礼堂举行，挂牌于新华书店名下的市级图书馆开始了社会服务的第一步。

二、初立门户：见仁里 6 号

开馆初期，杭州图书馆以开架形式面向读者服务，虽然条件简陋，但每天来馆的读者络绎不绝。借阅室总是拥挤不堪，办理借阅证的读者也时常排起长龙。短短的三个月内，读者人数的不断增加使得原本就十分狭小的空间更加拥挤。恰好当时浙江省新华书店所属的见仁里 6 号仓库划拨给了杭州市新华书店，图书馆就转移到了这里。1959 年春天的杭州图书馆仅有四名工作人员，楼上作为员工宿舍，楼下则是对外开放的图书馆。

见仁里 6 号馆舍

见仁里 6 号原址位于今天的解放路新华书店后面，其建筑是典型的晚清江南庭院式结构，进门是大约 200 平方米的天井，周围有高高的风火墙，中间是一座骑栏式砖木结构的两层小楼，每层七个房间，单层面积约 130 平方米。

图书馆二楼走廊办公室外景

虽然有了独立的馆舍，但图书馆内空空如也，连一张办公桌也没有。为了节省开支，图书馆员工们集思广益，为馆里争取了最初的一批家具陈设。当时市内恰有部分机构撤销建制，办公桌椅等财产上交市财政局，图书馆就向市财政局要来了一批办公桌椅。图书馆的第一个目录柜是将旧肥皂箱拆开，利用其木材做成的。虽然其貌不扬，这个目录柜却非常结实耐用，一直用了十多年，直到 20 世纪 80 年代建新馆，图书馆才购买了标准的目录柜。书架上需要的书立是用牛皮纸裹上砖头替代的，读者取书时做标记用的书位卡是用小木片涂上清漆制作的。每天早上，图书馆员自己生煤炉烧开水供读者饮用；到了夏天，图书馆的水泥地面被晒得热气蒸腾，图书馆员就从院子里打来清凉的井水，洒在地上消除暑气。

图书馆成立之初，名称是“杭州市图书馆”，不久后改为“杭州图书馆”，并请西泠印社张宗祥社长题写了馆名。当时，浙江图书馆曾派人来协助、指导工作，员工们不仅在上班时间抓紧时间向老师请教学习，还利用业余时间自学、进修，业务能力和服务能力得以迅速提升。杭州图书馆这艘小舟就这样开始扬帆起航，驶向社会文化服务的浩瀚大海。

简朴的阅览室

20 世纪 70 年代杭州市图书馆外景

三、一个好点子：发展读者志愿者

杭州图书馆考虑到初中年龄段青少年的求知欲旺盛，决定扩大服务范围，改变了以往只对高中生及以上年龄段人群开放的惯例，因此吸引了很多初中生读者。

读者范围的扩大使得原本就很大的借阅量节节攀升。但当时馆里所有工作人员不足十人，每天不停上架、理架和办理借阅手续，忙得连喝口水的工夫也没有。高强度的工作令馆员疲惫不堪。在这样的环境中，工作人员产生了在读者群体中组织自我服务的想法。

当时杭州图书馆周边有多所中学，如杭州第十一中学、五四中学、杭州第二中学等。有些学生每天一放学就到图书馆来，徜徉在书海之中，连回家吃饭也忘了。工作人员见他们如此喜爱图书馆，就询问他们是否愿意来当志愿者，参与图书上架、整理书架等工作。好读书的学生们听说是在图书馆与书籍打交道，都踊跃加入志愿者行列。

图书馆虽然简陋，读者依然蜂拥而来

实践证明，发展读者志愿者是个一举两得的好点子，既解决了图书馆人手不足的困难，又丰富了学生们的课余生活，并培养了他们的社会服务意识。有了中学生参与图书馆服务的成功尝试之后，杭州图书馆志愿者队伍逐渐扩大，从学生逐步发展到工人、交警、待业青年等不同人群。

四、虽苦犹甜：送服务到基层

20 世纪五六十年代，全国城市公共图书馆大多开始把书刊等文化服务延伸到乡村和基层，定期到工厂和农村进行文化普及辅导，杭州图书馆也不例外。

当时，杭州图书馆不论职务分工或具体岗位的差异，每个员工都有自己的基层服务点安排，平时他们定期轮流到工厂车间为工人送书，去农村开展文化辅导则大多选择在春耕秋收之外的农闲时节。每次下乡服务活动期间，杭州图书馆里仅留少数员工维持日常图书借阅，其他员工则暂停各自岗位的工作，用自行车或三轮车带着所有物品出发。图书馆不仅给生产队带去阅览书籍，晚上还给社员放幻灯片，同时配上口头讲解，这一活动特别受欢迎，被农民们称为“放小电影”。

在当时交通条件不发达、物资运输基本依靠人力的情况下，下基层开展文化服务是辛苦的。图书馆员不仅要从事书刊打包、器材搬运等重体力工作，食宿条件也比较差。但是，面对工人们翻阅图书时的喜悦，农民们观看“小电影”发出的欢声笑语，图书馆员的辛劳疲惫会一扫而空。用户满意是对图书馆员工作的最好回报。

五、故纸有缘：最初的古籍家底

20 世纪 60 年代起，杭州图书馆一共收集了三批古籍，建设起图书馆最初的古籍馆藏。

1963 年，杭州市文化局成立杭州地方文献资料室，设在湖滨路书画社三楼。资料室成立之初，由文化局出面，向有关单位征集了一些珍贵藏书，如书画社提供的一套 63 册清代文豪金圣叹点评的《红楼梦》。之后，资料室通过多方了解，掌握了杭州地区主要图书馆与私人藏书家等藏家各自收藏的珍贵地方文献资料的基本状况，通过商借方法获得 1100 余种，举办了首次杭州地方文献展览会。在展览会所征集展品的基础上，资料室编写了一册《杭州地方文献资料目录》，并以此为线索，向杭州一位私人方志藏书家购买了一批古籍地方文献。几年后，杭州地方文献资料室撤销，其藏书交给杭州图书馆，成为杭州图书馆第一批古籍收藏。

杭州图书馆收集到的第二批古籍地方文献最珍贵，其收集过程也最富传奇色彩。当时图书馆有员工参加一个文化普查活动，在中山北路天水桥天主教堂的一个杂物间发现满屋子旧书。其中上百种古籍大部分是地方志书，一般人不知其价值所在，随意堆放，尘垢厚积，有些志书的天头缺失，据说是被切下拿去卷烟草用了。图书馆员工遂找到当时教堂的管理者“三自爱国会”，要求其把这批书交给杭州图书馆保存。商谈的结果是用新书换旧书。这批珍贵的志书最后用 129 本新书换了回来，其中有《钱塘县志》《新城县志》《浙西水利考》等。后来才调查清楚，这批方志文献是天主教堂以前的英国牧师收集的。1949 年，杭州解放，这批书就此留了下来。

杭州图书馆的第三批古籍是 20 世纪 60 年代杭州古旧合作书店撤销之时买来的。书店留存了 7000 余册古旧图书资料，折价 10604 元卖给了杭州图书馆。这批书系原版刻印，系统也比较完整。其中有一些珍贵的手稿，如民国时宁海人干人俊在杭州任民生中学校长期间写的《杭州新志》稿；民国时曾在云南任地方官的杭州人董振藻收集的当地文献，有

《云南产业志》《云南地志资料》《云南方志考》《云南苗瑶杂记》等。之后，杭州图书馆利用有关云南的这批资料与云南图书馆合作，将资料整理复印成书，为云南的修志工作提供了很大的帮助。最有价值的是原始手稿《杭州玉皇山志》，是真正的孤本，杭州图书馆请了七位老先生整理了七八年。

六、成果丰硕：编修地方文献

20 世纪 80 年代初，各地大兴修志之风。杭州图书馆也从 1982 年开始整理、编修地方文献史志资料。根据馆藏杭州古籍地方文献较丰富的特点，图书馆编印了《馆藏杭州地方文献资料目录》一书，分送各修志单位。该书目内容分部汇辑，按类编排，每一条目都作了内容简介。一书在手，馆藏古籍地方文献一目了然。

馆员艰苦却快乐地工作着

为抢救一批濒于湮灭而又具有巨大使用价值的古文献，杭州图书馆组织力量，有计划、有步骤地整理复印了一批重要的资料，如《玉皇山志》《红学丛编》以及《杭州史地丛书》第一、二辑，特别是《杭州史地丛书》第一辑里的《民国杭州新志稿》和由杭州图书馆整理影印的余杭县志办所藏稿本《杭县志稿》。这两部乡邦文献极有价值，前者主要记载了民国时期杭州市区的情况，后者则详尽地叙述了民国时期杭州郊区及余杭的情况，两部分内容珠联璧合，成了一部完整的《民国杭州市志》，从而填补了民国时期杭州没有志书的空白。

中华人民共和国成立以后，杭州的平海路有很多家私人开的古旧书店，《杭州新志稿》就是其中一家的老板从宁海干人俊老家收到的，据说干家的后人把书稿放在一个麻袋里，卖了点废纸钱。由于年代已久，保存不善，手稿字迹模糊不清，杭州图书馆请来抄书的几位老先生誊抄整理成 33 卷并影印装订成一函。另一函收录了《杭州胜迹杂录》5 卷、《武林风俗记》2 卷、《武林新市肆吟》1 卷、《杭州地理纪要》1 卷。后来，馆里买了宣纸胶印机，于 1983 年印出了第一辑，共计 450 部，2 函 16 册。之后又编印了《杭州史地丛书》

第二辑，收录了《玉皇山志》《山水寺院名胜志》《杭州驻防旗营考》《杭州兵祸》《杭州桥梁》等馆藏珍贵方志资料。杭州图书馆以后利用这些书籍的收益，继续征集、购买包括地方文献在内的古旧图书，仅 1985 年就新购了 4700 册古旧图书。

杭县作为地域行政建制的历史非常短。1912 年，国民政府撤并仁和、钱塘两县，成立杭县；1927 年分拆杭县为杭州市、杭县；1958 年，杭县建制撤销，其所辖区域并入余杭县。由于时间短暂且史料稀少，鲜有人对这段历史有系统的整理。1985 年上半年，余杭县志办称县档案馆藏有《杭县志稿》，但他们无力整理这部手稿，希望杭州图书馆古籍部帮忙。图书馆员发现这部志稿仅是初步剪贴、上面有涂抹笔迹的散页资料，如果根据这些资料能整理出《杭县志稿》，不但对编修《余杭县志》有重要意义，对编修杭州市志也有很大的参考价值。杭州图书馆古籍部承接了整理这些资料的任务。经过一年多的努力，原稿经过整理、誊抄后，印刷装订为线装 10 册 23 卷的《杭县志稿》，印刷 100 余部，除提供余杭县志办以外，还提供给了杭州地区各图书馆和历史研究机构。

第二节

初现辉煌的岁月

一、老同志都是宝：浣纱路新馆的建设

从1969年到1982年，杭州图书馆共有三处馆舍：见仁里、少儿分馆和基督教堂思澄堂。见仁里馆舍建筑老旧，只能用于存放书籍。少儿分馆位于解放路，是由浙江图书馆少儿阅览室划归至杭州图书馆的。思澄堂馆舍系借用市政府的闲置房屋，一楼存放报纸，二楼是向读者开放的借阅室，三楼存放外文期刊。为了满足图书馆社会服务需求，应急的办法是先改造现有馆舍。1964年，在见仁里新建了160平方米的书库，但依然难以满足发展需求。图书馆再次向市财政争取支持，把占地仅250平方米的少儿分馆两层小楼拆除，1977年在原址建设了面积1000平方米的四层楼新馆舍，一楼和二楼用作少儿阅览室和书库，三楼为成人阅览室，四楼安排为古籍部。

20世纪80年代，杭州图书馆已发展成藏书近40万册的中型图书馆，但馆舍场地依然紧缺，尤其是1982年儿童分馆独立、思澄堂由教会收回后，很多图书只能借用其他单位的空置房堆放。此时恰值改革开放步入高潮，公共文化事业得到了全社会的重视，杭州图书馆新馆建设项目作为杭州市的重点工程很快得到批准，馆址为浣纱路254号。

1981年，新馆开始土建工作，经历了诸多波折，两年后完工。1984年，内部装修全面展开。那时候的装修工程队仅负责粉刷、油漆等项目，其他琐碎工作都由图书馆人自己动手完成。如正门门楣上的“杭州图书馆”五个字，是几位老馆员往返江苏宜兴数趟烧制而成的；负责木工的馆员，参考当时国内外图书馆的风尚，再根据各个活动空间的格局、需求，设计了不同款式的书刊架和阅览桌椅；曾在电影公司工作的老馆员，一个人承担了全

馆的水电设施的安装。新馆装饰尽可能利用先进材料，如图书馆大楼的窗户玻璃是进口的防紫外线茶色玻璃，价格达到每平方米 64 元。由于全馆职工的努力，每一道工序都是一次性通过验收。到 1986 年，内部装修陆续收尾，新落成的杭州图书馆成为城市的地标性建筑，迎来更多读者。

20 世纪 80 年代初的馆员风采

二、完美风暴："一场文明的旋风"

1986 年 5 月，杭州图书馆从见仁里的深巷小楼迁入了浣纱路的新馆。新图书馆面积 5500 平方米，杭州图书馆终于有了基本功能齐全的专业建筑；同时，新馆中规划了数百平方米的多功能厅和培训教室，图书馆的业务拓展有了新的空间，这对于杭州图书馆的发展具有里程碑的意义。

20 世纪 80 年代的杭州图书馆迎来了对读书如饥似渴的读者

新馆落成之际，社会各界对借书证需求甚高。以往杭州图书馆主要通过工会系统进行借书证的有组织发放，这样实际上使许多图书证被束之高阁，有真正需要的读者却求证无门。为此，杭州图书馆改变了传统方式，决定面向全社会公开发证。1986 年 5 月 3 日，《杭州日报》刊出一则公告：杭州图书馆将于 5 月 6 日上午8点半开始，向社会公开发放3万张借书证。

一场始料未及的“风暴”骤然袭来，数万名渴求借书证的读者在图书馆门口彻夜排队，当天上午，借书证在几个小时内全部发完，没有领到借书证的市民几乎挤爆了图书馆。《浙江日报》《光明日报》等媒体将当时这种火爆场面称为“一场文明的旋风”，预示着一个崇尚文明、崇尚知识的新时代已经到来。

三、知识喷泉：20世纪80年代的办馆宗旨

随着社会改革的不断深入和城乡经济的迅速发展，市民对知识、信息的需求也越来越多，这向杭州图书馆提出了新的时代要求。杭州图书馆决定跟上时代的步伐，从传统的图书借还工作迈向更高层次的文化服务，把图书馆办成“知识喷泉”型的新型文化机构。

在图书馆硬件建设完成的同时，图书馆员专业队伍建设也有了突破性发展，武汉大学图书馆学系、华东师范大学图书情报学系以及全国各地高校不同专业的毕业生陆续进入杭州图书馆。图书馆进行了系统的部门组建，共设立了十个部门：外借部、阅览部、参考咨询部、古籍部、信息部、采编部、辅导部、技术服务部、外协办公室以及行政部。

当时的阅览室实行半开架借阅，工作人员正在为读者办理借阅手续

图书馆的文献资源建设也有了全面拓展，书刊采购门类从以往的以文艺作品为主，迅速扩大到自然科学、社会科学等各个门类。图书馆服务面貌得以改善，首先是延长了对外服务时间，阅览室开放到晚上9点；接着又陆续推出预约借书、电话续借、代查资料、牵线搭桥等服务。辅导部开展了各类培训活动，并开始办电大班；成立学校图书馆协作小组，每月举办读书活动；进一步开展图书馆流动服务，把流动图书车开进杭州各个监狱，满足特定人群的精神文化需求。

四、另一种效益：服务重点读者

从1986年开始，杭州图书馆开发了送书上门的新服务项目。图书馆首先列出了一批重点读者名单。这些读者一般具备大学以上学历或中级以上技术职称，来自各行各业的技术

或研究部门，并在科研、教学、生产中承担课题项目。图书馆有针对性地为他们提供文献资源的跟踪服务，努力满足他们的参考信息需求并提供各种优惠。

当时浙江省钱塘江工程管理局的一位高级工程师是杭州图书馆的重点读者之一。他承担着秦山核电厂拦海大坝的设计任务，在工作过程中遇到问题时，他向杭州图书馆求助。馆员们明白此事责任重大，冒着酷暑，以最快的速度在国家图书馆、浙江省图书馆、浙江省情报所和各大专院校收集相关资料。这位工程师参照杭州图书馆提供的《难处理地基的基础工程》《软土地基处理》等专业资料改进了设计方案，既降低了工程造价，又增加了安全系数，使工程得以提前八个月完成，为国家节约投资 400 万元。

五、深度服务：开发信息资源

1986 年，杭州图书馆成立信息部，对馆藏报刊文献进行整理筛选，围绕城市社会发展的重大问题，编辑了《城市工作信息》（周刊），稍后又编辑了“决策剪报资料”（分 24 类，半月一期），分送杭州市政府各有关部门，提供城市社会发展决策参考，得到相关部门的充分肯定。

信息服务是一项令人很有压力的工作，但杭州图书馆馆员迎难而上，在有限的条件下提供了有效的专题信息服务成果。

第一方面是工作难度大。要提高社会发展决策信息的质量，必须把握住针对性、时效性和准确性。这就要求信息人员要及时了解决策层的信息需求，针对社会发展与管理中的热点问题，及时向其提供全国各地的做法、经验和教训等信息作为决策参考。因此，信息人员必须全身心地投入，除了每天看完 100 多种报纸并完成选材工作外，还必须时时关注媒体动态，了解国家大政方针以及全市的经济、社会信息，从多渠道、多角度捕捉有关信息。只要决策层有此类需求就得提供有效的信息，社会创新发展越快，信息服务的压力就越大。

第二方面是来自社会各界的不理解，他们不认同图书馆开展决策信息服务的必要性，对此类服务价值持否定态度。面对多方面的质疑，信息部曾经做过一次测试，看市政府官员是否真的阅读《城市工作信息》周刊。他们的方法是，目录上列出一则信息，但在正文的对应部分只排了一张白页。没想到刊物送出第二天，市长秘书就打来电话，问本期《城市工作信息》怎么有缺页，说市长要求补上该页内容。这样的结果让图书馆信息服务活动的工作人员有了坚持下去的坚定信念。

六、“群星”闪亮：现代城市图书馆的步伐

1993 年 6 月，杭州图书馆引进文化部推广的 ILAS 软件。1994 年 1 月，杭州图书馆建立了包含 13 万种中文图书的书目数据库，随后又引进了流通和检索两个子系统；6 月 4 日正式实现用计算机借还书管理，借书证也更新为机读条码卡；10 月 1 日，开通检索系统供读者查检书目。1995 年，杭州图书馆引进参考咨询系统，用于信息工作自动化。1996 年，杭州图书馆采用连续出版物子系统；6 月 12 日，期刊数据库建成，很快向读者开放。

2000 年，杭州图书馆提出了“平等、免费、无障碍”的公共图书馆服务理念，成立了读者之友社和国内首家公共图书馆事业基金会。

2003 年，杭州图书馆迈出了公共图书馆全免费开放的第一步，推出了免证阅览制度。同年，杭州图书馆在杭州地区倡导建立联盟式的总分馆制，建设“图书信息服务一证通”工程，使全地区公共图书馆资源不受限制地在所有图书馆间使用、流转。杭州图书馆卓有成效的社会服务获得了国内外权威机构的肯定。2003 年，杭州图书馆被国际图书馆协会联合会（简称国际图联，IFLA）吸收为成员馆。

2004 年 3 月，杭州图书馆组建了读者工作部，负责承办各种读者活动。读者工作部创立了以“国学”“人文地理”“古都风采”“生活的智慧”等四大系列为主线的“文澜讲座”活动。该活动逐渐深入民心，到杭州图书馆听讲座成为市民重要的业余文化活动之一。

2006 年 6 月 1 日，杭州图书馆牵头制定的《杭州地区公共图书馆服务公约》颁布，向市民承诺实行基本服务免费。从这天起，杭州地区公共图书馆进入免费服务时代。2007 年，杭州图书馆获得文化部社会服务最高奖“群星奖”。

第三节

任重道远的豪迈

打造新馆：诞生“市民大书房”

进入21世纪，杭州图书馆于2005年又一次启动新馆建设，2008年10月在钱塘江边市民中心建设了一座总面积为43860平方米的现代化图书馆。

新馆建筑包含地下一层、地上四层。全馆无线网络覆盖，可容纳藏书200万册，设有2200个阅览座位。在当代办馆理念和“平民图书馆，市民大书房”的发展目标引领下，图书馆内部设计以开放式、人性化为出发点，采用独树一帜的家居式风格及“软分隔、无障碍”的空间布局，为读者营造温馨怡然的阅读环境。

杭州图书馆佛学分馆有着别样的文化氛围

杭州图书馆新馆夜景

新馆引进了先进的文献自助借还系统射频识别（RFID）系统，运用无线射频技术替代传统的条码技术，使读者能够灵活、便捷地实现自助借还，提高了借还效率。同时，馆内还设置了具有国际一流音响的音乐图书馆，受到了各地音乐爱好者和发烧友的追捧。

新的杭州图书馆体现了以人为本、服务至上的理念。图书馆对所有读者一视同仁，从不拒绝乞丐和拾荒者入内，唯一的要求是让他们洗干净手后再翻阅图书。新馆开放初期，曾有拾荒者进馆看书，引起了个别读者的不满，认为允许拾荒者进来是对其他读者的不尊重。馆长当时表示，“我无权拒绝他们入内读书，但您有权选择离开。”未料一年后，有网友就此事在网上发了一条微博，赞扬馆长的做法，引来数万次转发，杭州图书馆也因此被网友称为“史上最温暖图书馆”。

杭州图书馆是杭州市的文化名片，也是全国公共文化服务活动的标杆。近年来，杭州图书馆先后获得中国图书馆学会“全民阅读”先进单位、浙江省社会科学界联合会、省级优秀社科普及示范基地等荣誉。优雅的环境、先进的设施和优良的服务使杭州图书馆成为世界各地不少游客在杭州“人文之旅”中必到的一站。

快乐自信的新一代读者可以享受新馆的各项服务

第四节

数字时代的转型

20世纪后期，国内外信息处理技术和网络通信技术飞速发展，世界开始步入信息时代。2000年以前，杭州图书馆就着手建设图书馆网站。当时从社会募捐了13万元作为启动资金，于2002年建成“文澜在线”网站，成为杭州图书馆数字化建设的开端。

2009年，杭州图书馆与全球最大的电子图书馆——联机计算机图书馆中心（OCLC）签订协议，双方实现数据共享，杭州图书馆成为OCLC管理性会员。自此，杭州图书馆的读者可以获得全球147个国家和地区上万个图书馆的馆藏数字化资源，而世界各地的图书馆也都能通过杭州图书馆上传的数据资源查阅到杭州地区的信息资料，标志着杭州图书馆正逐渐融入世界图书馆的大家庭，成为全球了解杭州的一扇窗户。

2010 年，杭州图书馆推出三网合一的数字图书馆，建设目标是“打造数字化的平民图书馆”，让市民足不出户就能享受数字图书馆提供的免费、便捷、直达的信息服务。杭州图书馆以“有限资源、无限服务”为理念，充分发挥全国图书共享工程市级支中心的作用，依托互联网、移动通信网、数字电视网，将馆内的基本服务延伸至网络、电视、手机三种信息平台，打造“文澜在线”数字服务平台，探索出一条网络化、平民化的“杭图模式”。数字图书馆的打造使随时随地共享图书资源成为可能，开辟了大众阅览图书的新途径，有效地改善了杭州市民的文化生活品质。2012 年，“文澜在线”数字服务平台项目获得文化部第四届创新奖。

荣获文化部第四届创新奖的杭州图书馆“多终端全方位数字服务平台——文澜在线”数字图书馆项目实现了“三网融合”

杭州圖書

践行篇

婚 姻 中 的 角 色

03

第三章
服务体系的构建

公共图书馆服务体系是特定区域内各类型公共图书馆及其服务的总和，体系化、集群化是其基本要求。

公共图书馆服务体系是特定区域内各类型公共图书馆及其服务的总和，体系化、集群化是其基本要求。与单体图书馆相比，体系化的公共图书馆可以较好地解决单体图书馆无法顾及的多重任务和统一管理的矛盾，有助于实现图书馆服务效益的最大化，因此在国内外图书馆界得到广泛认可。

杭州是全国较早开始实践公共图书馆服务体系建设的地区之一。2003年，杭州图书馆开始推进“图书信息服务一证通”工程，整合杭州图书馆、杭州少年儿童图书馆以及萧山、余杭、桐庐、富阳、淳安、建德、临安等区县图书馆共九家公共图书馆的文献信息资源，规范网络内各馆的业务工作，合并数据、共建平台，形成了全市统一的图书馆业务管理平台和统一的业务工作管理规范；同时，把街道（乡镇）、社区（村）图书馆（室）作为基层服务点纳入服务网络。经过近五年的发展，杭州市公共图书馆服务体系建设基本完成了第一阶段建设：建立了跨越行政区域的公共图书馆联盟，实现了地市级与区县级公共图书馆之间的通借通还、资源共享，基本形成了一个城乡互通的图书信息服务体系。

为了进一步扩大公共图书馆服务的覆盖人群，特别是将偏远地区的农村居民纳入公共图书馆的服务体系范围内，自2009年起，杭州市公共图书馆服务体系网络建设在“图书信息服务一证通”工程基础之上，对公共图书馆服务有效向下延伸进行了进一步的研究与探索，在借鉴国内外经验的基础上，充分考虑中国现行的行政体制与公共财政投入方式，设计了“中心馆—总分馆”构建模式，即杭州图书馆在体系中被定位为中心馆，五县八区各自建设自己的总分馆体系，最终形成一个分域、分层的覆盖杭州市全区域的公共图书馆服务体系。2009 年，县乡总分馆建设模式首先在桐庐县开展试点，取得预期效果之后，又于 2011 年在江干区、建德市推广。整个杭州市公共图书馆服务体系由此而获得了持续发展的动力。

经过十余年的探索和实践，杭州市公共图书馆服务体系建设已经取得了积极进展。截至 2014 年，体系范围内共有市本级图书馆 2 家、区县（市）图书馆 11 家、乡镇（街道）图书馆 176 家、村（社区）图书室 2500 多个。以“中心馆—总分馆”为模式的全市公共图书馆四级服务网络基本建成，成为推动杭州市城乡公共文化发展的重要抓手。

第一节

解读：十年探求

杭州市在公共图书馆服务体系建设的十年历程中，及时把握图书馆发展方向、趋势，结合杭州的现实与发展要求，在实践过程中坚持自身不断完善与外部持续支持的有效统一，坚持指导思想、框架设计、科学管理的有效统一，坚持服务内容和服务手段的有效统一，坚持政府主推和社会参与的有效统一。完整的制度设计、开放的社会参与体系、多元的服务内容、多样化的服务方式和先进的服务手段使体系不仅拥有完整清晰的从市到区县、到乡镇（街道）、到村（社区）的四级服务网络，还具备在政府主导下，通过社会合作、民间参与等方式获得更多可持续发展动力的自我成长能力，实现了杭州市公共图书馆服务体系十年来的不断成长。

一、行政支撑

2011年12月31日，杭州市政府颁布《关于进一步加强杭州市公共图书馆服务体系建设的实施意见》（以下简称《实施意见》），明确了杭州市公共图书馆服务体系的建设模式、建设标准和建设要求。

2012年10月，杭州市公共图书馆管理委员会成立。接着，由市政府相关负责人出任主任，市、区政府相关部门负责人参与的杭州市公共图书馆发展委员会也随之成立，负责全市公共图书馆服务体系建设的协调、指导、监督和考核等工作，保障杭州市公共图书馆服务体系的建设。

二、体系架构

杭州市公共图书馆服务体系以纵向的“中心馆—总分馆”架构为基础。其结构上为四级，即以市馆为中心，区、县（市）馆为总馆，乡镇（街道）图书馆为分馆，社区（村）图书室为亚分馆。在管理上，其运用多层分级管理理念，厘清了市、区县（市）、乡镇三级政府的角色、地位和职责，明确了各级政府在本地区总分馆服务体系建设中的主体责任，强化了区、县（市）图书馆的区域总馆功能，强调其对基层网点的业务辐射和监督管理以及在整个公共图书馆服务体系中的节点调控作用，使得整个公共图书馆服务网络的结构更为紧密、运作更为高效。

与此同时，杭州市公共图书馆服务体系关注社会各方力量的整合，通过与高等院校图书馆、专业性图书馆以及其他社会机构的横向整合，丰富了服务体系的资源配置和服务业态，完善了服务体系架构。

三、管理制度

2003 年，杭州图书馆开始在全市推行统一的公共图书馆服务体系信息管理平台，逐步将全市 13 家区县（市）公共图书馆和 1000 多家乡镇（街道）、村（社区）图书室纳入其中，实现了文献的通借通还。借助这一平台，2004 年杭州市公共图书馆文献采编中心成立，开始了全市公共图书馆采编工作标准化、规范化建设。之后，杭州图书馆又牵头与各区、县（市）图书馆联合颁布了《杭州地区公共图书馆服务公约》，建立了全市古籍和地方文献工作联动机制，在多个业务领域实现了统一规范管理。2013 年，杭州图书馆根据《实施意见》的要求制定了《杭州市区、县（市）公共图书馆总分馆制建设考核办法》，其中详细说明了区、县（市）图书总馆、乡镇（街道）图书分馆和村（社区）图书亚分馆的必备条件，并制定了相应的总分馆考核指标。这些统一的管理平台、建设标准、业务规范以及考核体系确保了整个杭州市公共图书馆服务体系健康、高效和可持续运转。

四、用户服务

杭州市在公共图书馆服务体系建设过程中提出了把图书馆打造成“第三文化空间”的

目标，着力推行以文献服务为基础的多样式文化服务，努力把公共图书馆服务体系建设成开放和多元的市民信息知识传播中心、教育学习培训基地和文化休闲娱乐空间。以下为具体内容。

强调用户服务内容的丰富性和形式的多样性。图书馆将多种文化内容、文化样式、传播形式容纳于公共图书馆的大空间中。阅览、咨询、讲座、会展、演出、沙龙、培训、比赛、体验、出版不一而足，生活保健、心理健康、时事点评、科学普及、历史人文、旅游休闲、艺术赏析、国际交流活动精彩纷呈，充分满足各种阶层和文化背景人群的需求。

自由开放的文化参与平台增强了服务的互动性。图书馆开拓“读者演给读者看”“读者讲给读者听”“读者办给读者阅”的服务新形式，以读者社团为基础，推出了读者自荐的“我来做主讲”、读者主持的“文澜沙龙”、读者表演的“小文艺家首秀”等系列活动，形成了图书馆提供公共文化服务与读者主动参与公共文化建设间良性互动的新局面。

五、数字平台

杭州数字图书馆（“文澜在线”）于2011年正式开通。它整合了杭州地区移动通信网、互联网和数字电视网三大网络，形成了通过手机、电脑和电视等多媒体传播渠道提供多终端服务的新模式，尤其是“文澜在线”电视图书馆的推出开创了全国数字图书馆建设的先河。以杭州数字图书馆为核心的“多终端全方位数字服务平台——文澜在线”被文化部授予第四届创新奖。

第二节

践行：效益初显

经过十余年的发展，杭州市公共图书馆服务体系已经初具规模。通过2004年公共图书馆服务体系建设初期和2014年公共图书馆服务体系建设效益初显的十年对比，可以看到杭州公共图书馆的服务内容不断丰富，服务水平不断提高，杭州市公共图书馆服务体系在充实市民的文化生活、不断提升市民文化生活品质中正发挥越来越重要的作用。

一、服务条件明显改善

1. 财政投入

公共图书馆投入保持稳步增长。2014年杭州市区县级以上公共图书馆年度财政总收入约为153936千元，与2004年相比增长了310%，其中文献购置费为31285千元，比2004年增长了685%。政府对图书馆事业的资金投入总体态势良好（详见表3－1）。

表 3－1　2004 年和 2014 年杭州市公共图书馆经费情况对比表

单　位	年总经费（千元）			文献购置费（千元）		
	2004	2014	增长率	2004	2014	增长率
杭州图书馆	9642	71063	637%	1749	17000	872%
杭州少儿图书馆	4310	14109	227%	459	1060	131%
萧山区图书馆	3424	22680	562%	750	3800	407%
余杭区图书馆	13277	9816	－26%	300	1900	533%
建德市图书馆	635	4850	664%	62	1290	1981%
富阳市图书馆	1681	5000	197%	222	1000	350%
临安市图书馆	1148	7070	516%	169	1100	551%
淳安县图书馆	673	2251	234%	72	385	435%
桐庐县图书馆	2793	4096	467%	200	800	300%
西湖区图书馆	—	4460	—	—	1000	—
拱墅区图书馆	—	2896	—	—	600	—
江干区图书馆	—	4550	—	—	1300	—
下城区图书馆	—	1095	—	—	50	—
滨江区图书馆	—	—	—	—	—	—
总计	37583	153936	310%	3983	31285	685%

注：余杭区图书馆 2004 年处于新馆建设阶段，年度总收入中有 11410 千元属于新馆建设费用。

2. 公共图书馆数量

杭州市公共图书馆服务体系基础设施不断改善，新建和改建了一大批基层公共图书馆，有效形成并不断完善了全市图书馆集群管理系统基础设施网络。2014 年，杭州市市本级及区县级图书馆已建或在建共 14 家，乡镇、街道图书馆 170 家，单个图书馆平均覆盖服务人口 4.7 万人（详见表 3－2）。

表 3－2　2014 年杭州市乡镇/街道公共图书馆数量统计表

区/县	萧山	余杭	建德	富阳	临安	淳安	桐庐	西湖	拱墅	江干	下城	滨江	总计
乡镇/街道数	27	19	16	24	18	23	14	11	10	8	8	—	178
乡镇/街道图书馆数	27	19	16	18	18	23	12	11	10	8	8	—	170

3. 公共图书馆面积

2014 年，全市区县级以上公共图书馆馆舍面积总计 138267 平方米，与 2004 年相比增长了 286% 。十年间，杭州图书馆、萧山区图书馆、余杭区图书馆、建德市图书馆相继建成新馆，西湖区、拱墅区、江干区、下城区、滨江区图书馆从无到有，全市公共图书馆的千人均拥有面积为 14.78 平方米，千人均阅览座席为 1 个，为全市居民就近获取公共图书馆服务奠定了良好的基础（详见表 3－3）。

表 3－3　2004 年和 2014 年杭州市公共图书馆基础设施情况对比表

	建筑面积（平方米）			阅览座位（个）		
	2004	2014	增长率	2004	2014	增长率
杭州图书馆	5228	49088	839%	348	2392	587%
杭州少儿图书馆	5685	6003	6%	471	800	70%
萧山区图书馆	2152	30000	1294%	124	1018	721%
余杭区图书馆	3112	10931	251%	200	700	250%
建德市图书馆	300	4295	1332%	50	333	566%
富阳市图书馆	3550	3550	0	190	190	0
临安市图书馆	4953	8051	63%	100	488	388%
淳安县图书馆	2032	1889	-7%	272	322	184%
桐庐县图书馆	8780	7760	-10%	765	800	5%

（续）

	建筑面积（平方米）			阅览座位（个）		
	2004	2014	增长率	2004	2014	增长率
西湖区图书馆	—	3200	—	—	300	—
拱墅区图书馆	—	3000	—	—	220	—
江干区图书馆	—	3500	—	—	722	—
下城区图书馆	—	4500	—	—	465	—
滨江区图书馆	—	2500	—	—	100	—
总　　计	35792	138267	286%	2520	8850	251%

注：1. 淳安县图书馆从2013年开始腾出近150平方米的面积给当地公立幼儿园使用。
2. 桐庐县图书馆2004年新馆建成开放，8780平方米为新馆所在文化中心（含博物馆）面积；2014年的7760平方米完全为图书馆使用面积。

二、服务效益大幅增长

1. 读者持证数量

2014年，杭州图书馆联合杭州市市民卡服务中心推出“市民卡领卡同步开通图书借阅功能”的便民举措，从4月23日起为杭州市所有市民卡用户统一开通图书借阅功能。至此，杭州市公共图书馆服务体系内有记录的读者借书证数量达到了8559068个（详见表3－4）。

表3－4　2004年和2014年杭州公共图书馆读者持有借书证数量对比表

馆　名	借书证持有量		馆　名	借书证持有量	
	2004	2014		2004	2014
杭州图书馆	33477	3384516	桐庐县图书馆	5242	382727
杭州少儿图书馆	42377	263351	西湖区图书馆	—	36892
萧山区图书馆	2315	1415871	拱墅区图书馆	—	29767
余杭区图书馆	8620	969074	江干区图书馆	—	35242
建德市图书馆	350	448963	下城区图书馆	—	40379
富阳市图书馆	3668	627595	滨江区图书馆	—	30000
临安市图书馆	14433	508385			
淳安县图书馆	3242	386306	总　计	**113724**	**8559068**

2. 读者流通量

2014年全市区县级以上公共图书馆总流通人次突破了1200万，与2004年的数据相比增长了668%，各个图书馆的数据均显示了读者流通量的持续和显著增长（详见表3－5）。

表3－5 2004年和2014年杭州市公共图书馆读者流通量对比表

馆 名	读者流通人次			馆 名	读者流通人次		
	2004	2014	增长率		2004	2014	增长率
杭州图书馆	456764	3529060	673%	桐庐县图书馆	110000	173296	58%
杭州少儿图书馆	279530	559192	100%	西湖区图书馆	—	788930	—
萧山区图书馆	180426	2114883	1072%	拱墅区图书馆	—	775060	—
余杭区图书馆	235000	1369059	483%	江干区图书馆	—	600000	—
建德市图书馆	41000	252000	515%	下城区图书馆	—	1200000	—
富阳市图书馆	130976	179540	37%	滨江区图书馆	—	—	—
临安市图书馆	80000	622438	678%				
淳安县图书馆	90000	148600	65%	**总 计**	**1603696**	**12312058**	**668%**

3. 文献外借册次

更多的杭州市民开始到各个公共图书馆借阅图书，图书馆文献外借册次增长明显。2014年，全市公共图书馆文献外借达到了9426674册次，比2004年增长了427%（详见表3－6）。

表3－6 2004和2014杭州市公共图书馆外借情况对比表

馆 名	文献外借册次			馆 名	文献外借册次		
	2004	2014	增长率		2004	2014	增长率
杭州图书馆	525776	3980813	657%	桐庐县图书馆	120000	175057	46%
杭州少儿图书馆	296195	851887	188%	西湖区图书馆	—	616608	—
萧山区图书馆	143615	907487	532%	拱墅区图书馆	—	247290	—
余杭区图书馆	350000	547738	56%	江干区图书馆	—	106838	—
建德市图书馆	30000	218797	629%	下城区图书馆	—	661615	—
富阳市图书馆	123007	311846	154%	滨江区图书馆	—	10000	—
临安市图书馆	140000	539582	285%				
淳安县图书馆	60000	251113	319%	**合 计**	**1788593**	**9426674**	**427%**

4. 文化活动场次

2004 年，杭州市各区县（市）公共图书馆共举办讲座、展览和培训活动 175 场，群众文化活动不仅数量少，形式和内容也较为单一。2014 年，这一数量跃升至 3442 场（详见表 3－7）。除了讲座、展览和培训外，各个图书馆均开展了丰富多彩的艺术、表演和生活类活动，比如杭州图书馆的“阅读疗愈”活动、余杭区图书馆的“向日葵绘本阅读”活动、江干区图书馆的“钱堂周末”主题沙龙活动、拱墅区图书馆的少儿影评院、下城区图书馆的“书为媒 情牵手”大型阅读交友活动等。

表 3－7　2014 年杭州市公共图书馆举办文化活动情况表

馆名	活动场次	馆名	活动场次
杭州图书馆	1475	桐庐县图书馆	112
杭州少儿图书馆	578	西湖区图书馆	188
萧山区图书馆	95	拱墅区图书馆	150
余杭区图书馆	179	江干区图书馆	80
建德市图书馆	36	下城区图书馆	185
富阳市图书馆	131	滨江区图书馆	—
临安市图书馆	184		
淳安县图书馆	49	**总　计**	**3442**

三、社会反馈良好

杭州市公共图书馆服务体系建设赢得了良好的社会反馈。“图书馆信息服务一证通工程”荣获 2007 年文化部“全国第十四届群星奖（服务）”；杭州图书馆连续数年被评为浙江省文化建设示范点、浙江省“文明单位”，成为政府推荐的群众公共文化服务标杆。

同时，杭州市民对公共图书馆服务表达了明显的认同。据 2013 年对杭州市 5 个主城区做的一项调查显示，有超过 50% 的被访者表示经常去图书馆。在 2013 年对杭州市公共图书馆做的用户满意度调查中，杭州市 11 个区（县）图书馆的用户满意率均在 95% 以上，其中杭州图书馆读者满意度连续三年超过 98%，用户对图书馆的阅读环境、硬件设施、文献资源建设、借阅服务、数字化建设、文化培训活动、参考咨询、馆员服务态度等均表示了满意。

04

第四章

专业及主题图书馆建设

新建成改扩建专业及主题图书馆，以满足公众多样化的文化需求和不同专业的社会用户的特殊需求，并开展了不同探索和尝试，致力于杭州公共图书馆服务体系活动水平的整体性提升。

近年来，杭州图书馆结合地方文化特色和市民的实际需求，继续挖掘公共图书馆的专业服务能力，依靠政府支持和社会力量，通过直建、委托、共建共管等方式，陆续新建或改扩建了音乐分馆、佛学分馆、生活主题分馆、少年儿童图书馆、盲文分馆、棋院分馆、印学分馆等多个专业及主题图书馆，以满足公众多样化的文化需求和不同专业的社会用户的特殊需求，并开展了不同探索和尝试，致力于杭州公共图书馆服务体系活动水平的整体性提升。

第一节

音乐分馆

杭州有着悠久的音乐历史，南宋时就有了开创中国音乐记谱的先河、形成中国传统音乐基本框架的《烈女谱》。近年来，杭州音乐活动蓬勃发展，音乐产业迅速崛起，市政府适时提出了建设“音乐之城”，以提升杭州市民的音乐生活品质。在这样的社会大背景下，杭州图书馆建立了音乐分馆。

2008 年 9 月 30 日，位于杭州图书馆新馆北二楼的音乐分馆正式对公众开放。音乐分馆面积 1100 余平方米，先进的技术、精良的设备以及独特的装修风格构成了鲜明的主题空间，为读者搭建起一个音乐欣赏、制作、交流及音乐文献阅读的平台。

音乐分馆主要分为高保真视听区和自助服务区两大基本区域。高保真视听区有三个高保真音响设备音乐室，配有德国喇叭花、美国 Rockport 太阳神、德国“大力神”、英国天朗等全球领先的音响设备。自助服务区分为听音区、视听区、阅览区三个不同功能区块。听音区拥有 80 余个座位，配有日本马兰仕台式 CD 播放器及德国森海塞尔监听式耳机；藏有 2000 余种 CD 类文献，内容涵盖戏曲、民乐、古典音乐、流行音乐等，藏有中外文音乐类杂志 40 余种，方便用户边欣赏音乐边阅览图书。视听区有 40 余个座位，配有夏普高清液晶电视、松下 DVD 播放器、德国森海塞尔监听式耳机以及松下高清等离子电视和相关播放设备；藏有 1200 余种 DVD 文献，内容涵盖音乐会、演唱会、戏曲、纪录片等。阅览区有近 50 个座位，藏有近 2000 册音乐类文献。

音乐分馆

在一流硬件设施的基础上，音乐分馆依托专业的馆员队伍，组织策划各类音乐活动，以“总有一种声音打动你”为品牌，牵手各演出团队、知名音乐人、音乐院校教授等，以音乐知识普及活动、音乐鉴赏活动、音乐沙龙等三大形式，为杭州市民普及音乐艺术，增加音乐知识；为音乐爱好者组织音乐赏析活动，提高音乐修养；为音乐发烧友提供专业级的作品及器材，满足其欣赏需求。这样，不同的用户可在音乐分馆各取所需，分享音乐文化大餐。

为了能让更多的公众感受到音乐的魅力，音乐分馆倡导音乐与市民生活的结合。例如，举办“流行歌曲大家唱”系列广场纳凉晚会，打造钱塘江畔的市民音乐角，给热爱音乐、喜欢音乐的市民提供一个展示音乐才华的舞台。在“非物质文化遗产保护大课堂——昆曲艺术”系列活动中，音乐分馆与浙江昆曲团等专业艺术团体以及民间昆曲力量合作，将演出送至杭州市属的富阳、余杭、建德、淳安等区、县、市的小学和社区，通过表演加解说的方式普及昆曲艺术，让昆曲深入平民生活。

同时，音乐分馆满足社会特殊群体的需求，让他们感受到音乐给生活带来的快乐。2011 年，音乐分馆被杭州市政府确定为首批“杭州市残疾人无障碍试听体验基地”。此事缘于杭州图书馆长期坚持为盲人举办无障碍视听服务活动。在“盲人看电影”活动中，考虑到盲人没有办法看到电影画面，音乐分馆请知名主持人现场解说电影，将影片中的镜头转换、画面色彩及人物外貌、穿着打扮、动作等同步描述出来，以激情澎湃和富有艺术感染力的表达让盲人用耳朵聆听。音乐分馆工作人员还与各级残联及残疾人托安养机构、康复中心、特教学校、街道（社区）残疾人服务站等残疾人福利机构建立合作关系，共同开展“爱心观影”活动。

音乐分馆自建立以来，一直敞开大门拥抱来自各个阶层的市民。如今的音乐分馆已经成为杭州市民音乐生活的大广场，在这里每个人都可以找到自己的音乐情绪和分享自己的音乐快乐。音乐分馆正在使每一个杭州市民成为杭州“音乐之城”建设的参与者和受惠者。

第二节

佛学分馆

杭州素称“东南佛国”，佛学流派纷呈，寺院藏书兴盛。佛教、佛学以及寺院藏书文化在杭州城市发展中有着重要地位，对杭州地方文化产生了深远的影响。杭州图书馆筹划建立佛学分馆，一方面是希望通过佛学分馆的服务，进一步挖掘佛教对杭州整个城市发展，包括民俗、政治、经济等方面的整体性影响；另一方面也希望借此推动佛学文化在现代社会的传承和发展，让传统文化在现代城市建设中焕发出新的活力。

佛学分馆于2012年正式开放。它坐落于西湖景区天竺路317号，毗邻三天竺、灵隐寺等佛教圣地，旁有流虹溪蜿蜒而过，青山翠竹、小桥流水，环境清幽，可谓“天竺山房金经藏，流虹桥畔妙莲香”。佛学分馆占地400多平方米，馆藏图书7000余册，包括佛教经典、佛学研究、佛教艺术书籍以及禅茶、素食等佛教生活类书籍，以服务读者对佛教文化不同层面的资料需求。

佛学分馆外景

佛学分馆在基础图书之外，还举办了沙龙、讲座、展览等不同系列的活动。书画沙龙每周定期举办，由具备艺术底蕴的资深图书馆员主持，对所有感兴趣的读者开放。活动中可以揣摩书法源流，也可以切磋山水技法，山间小舍临窗提笔的清净祥和让众多读者一期不落地参加这项活动。佛学分馆的讲座活动注重讲者和听者间的互动交流。“一期一会”是茶道用语，富于禅理，是佛道与茶道共同的观念之一。“一期”表示人的一生，“一会”则意味仅有一次的相会。由天钟禅院法师主讲的“禅茶会”，形式随意闲雅，分谈禅和品茶两部分。“东南佛国”系列讲座则以“杭州佛教及东南佛国的由来”为主题，由浙江大学教授为大家讲述佛教文化在杭州的历史渊源与社会影响，普及佛教知识，阐扬佛学文化。佛学分馆尝试推出一些活泼的展览形式，鼓励普通市民的参与。例如，“心经”篆刻作品展中所有的展品均出自书画沙龙的学员，以架上陈列、空间悬挂或在户外花草林间随意摆放等各种方式展出，这样的作品呈现方式给人以耳目一新的感觉。

第三节

生活主题分馆

2007 年，杭州市政府提出了“东方休闲之都，生活品质之城”的城市发展战略。杭州市民生活在历史悠久且人文底蕴深厚的江南都会，形成了温婉精致的生活方式，注重家庭生活的文化内涵。杭州图书馆尝试着满足市民对丰富多彩的文化休闲生活的需求，创建了生活主题分馆。

生活主题分馆位于杭州图书馆原浣纱路馆舍。2011 年，旧馆舍拟重新装修更新。借助这一契机，杭州图书馆适时推出了生活主题分馆的建设要求，以生活服务为题，向市民提供生活服务类信息和知识培训，为市民高品质地生活提供一个学习、交流、分享、进步的平台，服务杭州市民休闲文化的多元化需求。

生活主题分馆

2012年7月，生活主题分馆对杭州市民开放。分馆建筑面积5228平方米。除了提供与市民日常生活文化相关，有益于生活品质提升的图书、报刊以及音像制品的借阅服务外，更重要的是以“生活的艺术，艺术的生活”为主旨，分馆组织了多种文化内涵丰富、生活气息浓郁并具备高雅观赏情趣的主题活动。

生活主题分馆策划的系列活动主要有：以美食体验为主题的“舌尖之旅”系列活动，以酒文化为主题的红酒品鉴系列活动，以种花、种菜、插花等为主题的园艺系列活动，以手工创意为主题的“拼出绚烂生活”系列活动，以观赏鱼鉴赏为主题的“鱼趣”系列活动，以职场交际技能为主题的“美丽沙龙”系列活动，以健康人生为主题的“听医生讲故事”系列活动，以摄影技巧为主题的“悦尚摄影研习社”，以旅游经历为主题的“行摄分享会”，以京剧艺术为主题的“咏秋社”等。这些主题涵盖了市民生活的各个领域，分馆把日常生活中“吃喝玩乐”的文化内涵提炼出来，让市民在琐碎事务中体会精致生活的美好内涵，同时也在交流、活动等现场体验中获得生活知识、技能，成为杭州新世纪市民文化的创造者。

生活主题分馆拓宽了图书馆的传统服务范畴，赋予了图书馆服务新的内涵。分馆活动的运作模式是开放和多元的，尤其注重市民参与活动的创意和自主组织。分馆吸引各类“生活达人”到现场交流生活体验，传授生活知识和技能，通过持续的活动帮助参与的读者成为新的“生活达人”，再由他们继续向其他读者分享……一条健康向上的螺旋形上升通道正在形成，拉近了图书馆与读者的距离，实践着人们寻求更美好生活的理想。

第四节

杭州少年儿童图书馆

2012 年 12 月，杭州少年儿童图书馆装修改建后的重新亮相，为全市少年儿童图书阅读、参与社会实践、体验多元文化创造了条件。

改建后的少年儿童图书馆建筑面积 6003 平方米，其中开放面积近 90%。在服务空间安排上改变了传统的小开间格局，采用了大开间、全开放模式，阅读、展览、自修等功能区合为一体，利用书架、灯光带以及不同的色彩装饰等划分活动区域，读者可在不同区域自由穿行。装修中大量运用多色彩和不规则形状，构筑出一个活泼明亮的幻彩空间，彻底颠覆了传统图书馆偏于严肃、中规中矩的形象。在室外还有一个面积 2831 平方米的小公园，少儿读者在读书学习之余能随时接触到自然环境，享受轻松自由的阅读氛围。

杭州少年儿童图书馆

少年儿童图书馆服务发展寻求少年儿童的体验式教育，推出了“小可妈妈伴小时”亲子课堂、“生活体验课堂”、“太阳风”文学社、“啦啦音乐时空”、“快乐 ABC 英语沙龙”、“带你飞翔关爱行动”、“梦想舞台”、“动漫馆”、夏日海洋科普嘉年华等多项集知识性、趣味性为一体的系列主题活动。在各种活动项目的设计中，注重少儿读者的参与、体验和表达，同时融入生活实践知识、技能和自我才艺展示等内容，让孩子成为不同活动的主角之一，在活动过程中增强自信、获得知识、掌握技能、提高自身的审美能力。

构建未成年人图书馆服务体系，扩大服务覆盖面是杭州少年儿童图书馆实践与探索的方向之一。2012 年，在市教育局和文化广电新闻出版局等单位的支持下，杭州少年儿童图书馆在一些中小学和幼儿园建立了馆外阅读服务点，将纸质图书、数字资源以及各类阅读活动送进学校，共同打造书香校园。至 2014 年，在初中、小学和幼儿园的杭州少年儿童图书馆学校阅读网点达到 26 家，共配送图书 2.4 万余册，推送阅读活动 22 场，还为民工子弟学校募集了价值万余元的图书。

第五节

盲文分馆

2007 年 6 月，杭州图书馆与浙江省盲人学校合作建立了杭州图书馆盲文分馆，面积 1400 平方米，入藏盲文图书 7000 余册，有声读物 600 余种，并配有电脑、助视器、点显器等盲人阅读专用设备。

盲文分馆编印了盲人可触摸的图书目录，并对借阅过程提供协助与指导，提供邮寄借书、电话借书、送书上门等服务。图书馆与学校任课教师保持联系，及时了解课程进度，结合课程需要针对性选择相关图书，同时进行阅读指导帮助学生深化课文理解。盲文分馆分析阅读群体的年龄特点进行专题图书推荐，如向低年级学生推荐故事书，向高年级学生推荐计算机、推拿类书籍。根据学生喜欢在阅览室内交流读书心得的情况，特设“读者阅读排行榜”，进一步激发其阅读的热情。

盲文分馆

盲文分馆考虑盲人信息获取和使用的不便，努力为他们提供详尽的咨询服务，范围包括就业、培训、学习、生活等多个领域。除了现场服务以外，读者还可通过信函、电子邮件、电话等方式进行咨询。

第六节

棋院分馆

2010 年 10 月，杭州图书馆和中国棋院杭州分院合作建立了杭州图书馆棋院分馆。

棋院分馆位于天元大厦中国棋院杭州分院四楼，在藏书陈列和空间设计上刻意体现“棋文化”的氛围营造，在 200 平方米的空间内，有线条明快的博弈区和古典雅致的书画区，功能清晰又紧凑融合，仿佛是一个文艺化的休闲吧。馆藏专业棋类图书逾 4000 册，陈列报刊 30 余种。围棋类图书属于小众读物，全国每年出版此类新书 200 余种，棋院分馆尽可能地搜集齐全；同时，还从日本、韩国等地采购原版图书，帮助专业棋手和普通棋友拓展视野。棋院分馆还建立了特色数据库——围棋信息库，供读者在线学习，提高棋艺。

在棋院分馆，读者可以系统地了解围棋艺术的起源，全面把握当代围棋活动的发展现状。棋院分馆组织了中国围棋图书馆（杭州图书馆棋院分馆）棋友社，棋友们可以在图书馆对弈、切磋、交流，在休闲活动中提高各自的棋艺。

棋院分馆

第七节

印学分馆

2006 年，杭州图书馆印学分馆建立。杭州有着悠久的印学传统，在晚清就已经确立了作为篆刻名城的地位，成立于 1904 年的西泠印社至今仍是国内外最著名的篆刻艺术组织和最权威的印学研究中心之一。为了传承和弘扬印学文化，1999 年杭州印学博物馆建成。

印学分馆是国内首家印学图书馆，由杭州图书馆和西泠印社共同建设。印学分馆的设立旨在推动印学研究。作为杭州图书馆主题分馆之一，印学分馆集收藏、借阅、研究为一体，面向公众提供阅览、借阅、咨询服务，并与杭州图书馆实现信息共享、通借通还。

印学分馆

印学分馆所藏图书源自西泠印社自身的藏书体系。西泠印社的藏书处“福连精舍”收藏了两浙图经志乘、乡邦掌故、先贤著述及考论金石、古器、书画等相关文献。杭州图书馆印学分馆成立后，印学界大家在出版新书时大多会在第一时间向印学分馆寄赠图书。截至 2014 年，印学分馆所藏图书涵盖印谱、印学史论、美术期刊、书法、绘画及印学研究领域的善本、孤本。

作为“印人粮仓”的印学分馆，是一个学习印学知识、普及印学文化、交流印学研究成果的公众平台，已经形成了相对稳定的读者群体。这些读者以专业研究并具有课题成果的学者为主，篆刻艺术研究者、相关从业人员及金石篆刻爱好者也逐渐聚集于此，其中不乏中国美术学院、杭州师范大学美术学院的师生，他们往往能在印学分馆搜寻到梦寐以求的资料。

第五章

多元空间的营建

公共图书馆从来就不应该只是一个单纯的借书还书机构，公共图书馆在任何时候都不可能也不应该丢弃它的文化属性；未来的公共图书馆应该成为市民生活“第三空间”中最具文化特质的地方，应该是市民的“第三文化空间”。

2012年11月，由杭州图书馆主办的2012中国图书馆学会年会“公共图书馆：公众的第三文化空间”分会场会议在东莞会展国际大酒店四楼举行，主旨报告《公共图书馆的未来——第三文化空间》提出：公共图书馆从来就不应该只是一个单纯的借书还书机构，公共图书馆在任何时候都不可能也不应该丢弃它的文化属性；未来的公共图书馆应该成为市民生活“第三空间”中最具文化特质的地方，应该是市民的“第三文化空间”。

“第三文化空间”视野下的公共图书馆特点是主动适应现代社会形态进化的需求，以“文化惠民”为核心的大文化、大阅读、大流通为服务宗旨，汇集、融合多种文化表现形式，以提升市民德育、美育、智育素质为发展目标。要让公共图书馆社会服务逐步超越单一文献供给的范畴，演变为一个以书为媒介的知识、情感和信息交融的文化综合体。鼓励市民读者主动参与，形成融知识导航、信息传播、社会教育、文化休闲、交流展示于一体的城市社会文化活动模式，营造一个为都市居民所认可的公共文化枢纽。

第一节

心随阅动

"心随阅动"由杭州图书馆文献借阅中心负责策划与推出，这种体验式阅读使广大读者从原来的单一平面阅读拓展到全面、立体、直观的多维度阅读。它强调的是将阅读融入生活，让阅读成为生活的一种姿态，并建立起读者、作者、出版者之间的互动平台，培育市民的阅读习惯和社会的阅读氛围。典型案例有"大书房·小书房""小故事·大舞台""阅读疗愈""当艺术遇上图书馆"等体验式阅读活动。"心随阅动"一步步把读者吸引到图书馆来，一点点把阅读推广到读者当中，引领着全民阅读行动。

"大书房·小书房"活动之"4·23 世界读书日西湖读书节"活动，设计了"最佳书房""最古典书房""最现代书房""最可爱书房"评比活动，邀请市民拿起照相机、摄像机拍摄自家书房的照片或视频，并配写 500 字左右的阅读收获或体会参加评比。为激发市民的参与热情，特别联合浙江省中国旅行社设置一家三口"中远之星台湾环岛八日游"作为奖励，增加了活动的吸引力。短短时间里，活动的文字介绍在网站上的点击率达到百余万人次，最终筛选出 15 个家庭进入网络投票竞评。活动既展示了杭州市民对图书的热爱及良好的阅读习惯，又激发了市民参与阅读的兴趣，有效地促进了家庭阅读氛围的营造。

"小故事·大舞台——首届杭州市红领巾绘本表演大赛"是一项配合未成年人思想道德建设工作而联合少先队杭州市工作委员会、杭州市图书馆事业基金会共同推出的活动。通过《都市快报》、杭州电视台少儿频道、杭州网、中少在线等媒体的联合宣传，活动得到杭州主城区二十多所学校的积极响应和参与。同学们根据规定的绘本目录，开始进行撰写剧本、准备服装道具、创作配乐、排演等各方面的迎赛工作，最终八个剧目入围决赛。为了提高作品的水准，图书馆组织专业人士前往入围剧目学校进行多次现场指导，使作品更具艺术性、观赏性。赛后获奖剧目被送往杭州各区县图书馆进行巡演，受到广泛的好评。这种新型的阅读推广方式让阅读不只停留在书面，而是借助表演手段延伸了阅读，声音、图像、画面多维地阐释出绘本所表现的情节，使小读者们领会了绘本故事的寓意，既增强了阅读效果，也增强了他们的想象力。

“阅读疗愈”活动积极鼓励读者摆脱网络束缚，走出家门走到户外，将私人阅读感受分享给更多的读者。“OH 卡牌心态疗愈”是一项起源于西方的活动，对大多数杭州市民而言较为陌生。活动让读者从 88 张引导卡和 88 张图案卡中各随机抽取 1 张进行组合，然后在专业心理咨询师的指导下，与其他参与者分享自己从手中卡牌中看到了什么，想到什么，有什么启发。在分享过程中，不同卡牌的组合激发了参与者的创造力和想象力，促进了认知，增强了自我察觉、自我释放的潜意识，让读者从自己的想法里探究自我的真实心理，最后专业心理咨询师针对每个人的不同问题提供相应的推荐图书予以引导。

在阅读推广过程中，杭州图书馆利用充沛的社会资源，与城市书店、出版商等展开多层次的合作，将更多的阅读资源带给市民，让更多的人享受到阅读的乐趣。2013 年 7 月，杭州图书馆文献借阅中心与广西师范大学出版社合作，邀请 91 岁的饶平如先生带着画册《平如美棠——我俩的故事》来到杭州图书馆参加图书分享会。面对台下一张张渴望得到“爱情秘籍”的青春面孔，已经耄耋之年的饶老先生用画笔和文字向大家阐述了自己对婚姻和爱情的理解。老人告诫年轻人“爱情、婚姻里要有情，情字当头才会天长地久”。杭州图书馆组织作家见面会，让读者有机会和作家面对面，不仅交流纸质书本中的内容，更是人生经历的交汇和碰撞，在交谈中学习经验、丰富阅历，再带着这些感受重新理解作品背后的含义，获得全新的阅读体会和感悟，将浅阅读转化为深阅读。

第二节

市民合唱团

2010 年 10 月，杭州图书馆组建了一支业余群众文艺团队——市民合唱团，由混声团和女声团组成。市民合唱团虽然为业余合唱团，但始终按专业合唱团的要求训练，在“以和声为灵魂”的意韵中，推崇“合唱团只有我们，没有我”的理念。市民合唱团现已成为浙江省内的知名合唱团。

市民合唱团制定了《杭州市民合唱团章程》，由各声部部长及相应的管理制度督促团

市民合唱团演出场景

市民合唱团在 2013 年国际比赛中获得金奖的证书

员参加排练及各项活动，并集体分担团内事务；制定了《专业考核制度》，促使团员重视专业学习和培训，把握一切学习、交流、培训的机会；聘请专家辅导，循序渐进强化乐理知识和发声方法，组织团员参加各类比赛汇演，向专业团队的层次提升；吸收古今中外优秀作品的精华，有步骤地选取不同国家民族、不同风格的歌曲，做到每首歌的演唱都能达到专业、完美、和谐。

2013 年，为纪念著名音乐家柯达伊·佐尔坦诞辰 130 周年，匈牙利举办了世界合唱艺术活动“布达佩斯音乐桥——柯达伊国际论坛合唱节”。全球 30 支知名合唱艺术团体参加比赛，评委由德国、意大利、波兰、加拿大等国的七位音乐家和指挥家组成。当杭州市民合唱团团员身着白色青花瓷中式演出服亮相舞台时，台下响起一阵欢呼声。当第一首歌曲《葡萄园夜曲》的歌声响起时，听众仿佛进入优美的葡萄园，找到了梦一般的意境。第二首歌曲《水母鸡》是少数民族歌曲，旋律欢快，瞬间舞台上激情似火，整个剧场的情绪被点燃，感染了所有听众和评委。杭州图书馆市民合唱团最终获得金奖。

市民合唱团坚持在杭州图书馆进行公益演出并参加了许多社会性演出活动，还获得了第十四届中国老年合唱节“闽江杯”铜奖、全国合唱比赛金奖等多个奖项。

第三节

文澜沙龙

“文澜沙龙”是由杭州图书馆专题文献中心发起，由普通读者主持、主导的一个活动项目，有外语学习、经济理财、阅读分享、法律咨询、心理探秘、幸福人生、视觉艺术、风土人情八个主题系列。

“环球旅游分享会”是“阅读分享”系列主题活动之一，内涵突出“阅风景，读人生”，主持人是杭州图书馆的一名青年读者，其就职于对外贸易公司，能流利地使用英语、西班牙语等语言，并具有交流才能。

“环球旅游分享会”的参与人群多为有环球旅游经历的年轻白领，活动筹备阶段在年轻人聚集的网站做了针对性的宣传，吸引他们前来参与，同时邀请有旅游经历且善于分享的人担任沙龙活动主角。在活动中大家轮番讲述各自的游历感受，让在场读者获得各种不同的旅游心得。一段时间以后，“环球旅游分享会”集聚起大批爱好旅游、乐于分享的青年人，在杭州的外籍人士也踊跃加入，主讲人也成长为集组织、策划、主讲、宣传为一体的能人。活动还进一步优化组织形式，如安排不同的人讲述相同景点或相同人讲述不同景点，或在讲述逸闻趣事、风土人情的同时分享异国的影视作品、歌曲、明信片和特色食品等，为活动增添了更多生气，激发起更多的人在旅行中寻找自我的情愫。现在，“环球旅游分享会”拥有相对固定的成员千余人，50 平方米的活动场地经常爆满。2012 年在由浙江省图书馆学会主办的读者主导活动

人气爆满的沙龙现场

方案设计大赛中，敢于表现、善于表达的“环球旅游分享会”的活动主持人成为大赛现场的明星，一举夺得大奖。

随着“文澜沙龙”知名度的提升，踊跃申请成为活动主持人的读者日渐增多，一些专业机构也对活动给予关注并前来商谈活动合作。在这一活动中，杭州图书馆坚持两条基本原则：一是坚持公益原则，活动免费开放；二是坚持无广告原则，不做任何商业推销。“文澜沙龙”成为图书馆、主持人（读者）和专业机构合作的公益性服务项目。

“文澜沙龙”读者群英会活动

伴随着沙龙活动的成熟，《文澜沙龙》杂志诞生了。“文澜沙龙”活动是读者面对面交流的平台，杂志则是“文澜沙龙”以图文形式展现的平台。该杂志打破了传统的编者与读者的界线，以开放自由的形式和内容抒发生活的激情。杂志由“文澜沙龙”读者群负责采访、摄影、组稿、设计等工作，分为春夏版和秋冬版两期，包含人物专访、沙龙印象、人文杭州、读者推荐等十余个栏目，封面人物均为沙龙活动的优秀组织者。《文澜沙龙》在推出电子版的同时，还印刷少量纸质版。在“文澜沙龙”主持“幸福人生”系列的主讲人为杂志的印刷提供了部分经费，他不求回报只讲奉献的精神契合了“文澜沙龙”的公益理念。目前，《文澜沙龙》杂志除发送给优秀主持人和热心读者、寄送到国内其他的公共图书馆外，还在咖啡厅、茶楼之类的公众休闲场所免费摆放。

2010 年 8 月，杭州图书馆与上海图书馆合作举办“上海（杭州）国际图书馆论坛”期间，正值《文澜沙龙》创刊。创刊号送到与会的国际图联主席艾伦·泰塞手中时，她非常意外。她在《文澜沙龙》创刊号扉页上写下祝语：“奉上我对此鼓舞人心的杂志以及你们为所有读者带来欢乐的祝贺，希望你们一定要坚持下去。”

“文澜沙龙”在本馆取得成效后，又推广到相邻地区的其他公共图书馆和协作单位，让更多的读者领略到“文澜沙龙”的风采，一批主持人通过这个平台走向更为广阔的舞台。

第四节

市民学堂

“市民学堂”是杭州图书馆拓展社会教育职能而推出的一项服务，它联合社会各类机构，聘请热心公益事业的文化志愿者，向市民普及知识和传授技能。学堂开设书画（书法、绘画）、音乐（声乐、器乐）、戏剧（话剧、戏曲）、生活（手工、摄影）等各类公益课程，让每个市民都能在这里找到自己的兴趣所在，实现自己的人生梦想。

越剧作为中国戏曲第二大剧种，长于抒情，以唱为主，优美动听、唯美典雅，极具江南灵秀之气，是浙江地区最具影响力的地方剧种。杭州图书馆与杭州越剧传习院共同开设“子越学堂”少儿越剧表演公益培训班，每周一课，由杭州越剧传习院专业副院长亲自授课。

市民学堂的志愿者老师在现场示范

从戏曲表演基础开始，教授台步、指法、水袖、折扇等戏曲程式组合，并在此基础上学习越剧经典唱段及表演片段。同时建立QQ群，上传与教学内容相关的视频并网上解答家长提问，让家长能配合教学，一起培养小朋友的学习兴趣。

“市民学堂”从资质高、口碑好的培训机构约请专业讲师，同时探索“今天的学员，明天的教师”的培训机制，图书馆员及时发现具有特定专长的学员，鼓励其兼任教师。身兼学员、教师双重身份的成员大多具有超强的亲和力，保障了“市民学堂”的长期健康发展。创新的教师选拔机制让图书馆和读者双方共同受益。例如，一位曾经是“市民学堂”葫芦丝培训班的学员为杨氏太极拳的第六代传人，现在成为太极拳培训班的老师；曾经是“市民学堂”瑜伽、民族舞、摄像班的学员，现在担任了学堂的英语老师；曾经是“市民学堂”经典诵读培训班的学员，现在还是国画班的老师。教学相长，每个参与者的备课过程也是自我总结与提高的过程。

学员的手工作品精彩纷呈

对市民多元文化需求的有效满足使图书馆的“市民学堂”获得了良好的口碑，吸引了众多市民参与，培训课程项目和参与人数不断增长，至2014年12月，培训项目达到24个，70个班次，参与者达1400余人。

第五节

《文澜》杂志

《文澜》杂志是杭州图书馆创办的大型人文类刊物，是一本与城市互为映照的刊物。“文澜”二字体现了杭州图书馆对杭州作为文脉渊源、物华天宝的历史古都，而今开放大气、精致和谐的现代城市的全部理解。杂志倡导并践行的是开放式管理模式，与杭州这个城市一样，积极谋求、开拓创新又固守着温暖人文的本心。

《文澜》杂志内容分为两部分：一是与杭州相关的各类文字，二是不限地域的讨论读书的文章。《文澜》聘请华宝斋董事长蒋山为副主编，作为杭州图书馆事业基金会理事单位的华宝斋免费承接《文澜》印刷业务，杭州图书馆则承担杂志发行费用和作者稿酬。

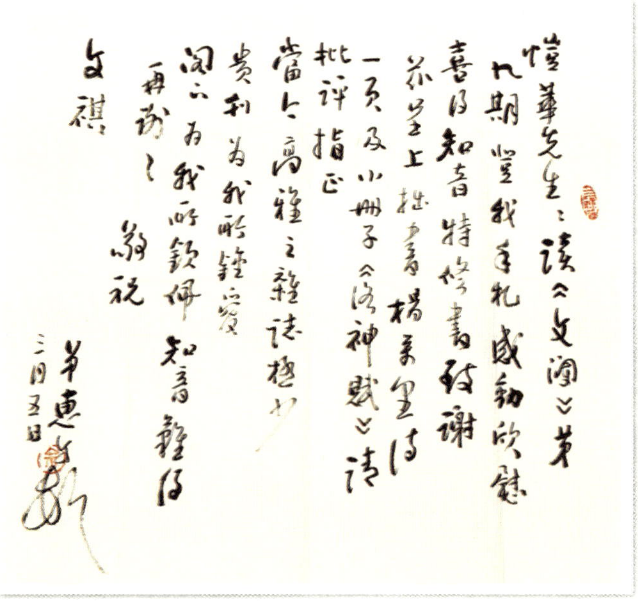

《文澜》杂志读者来信

《文澜》杂志及其卷首

《文澜》杂志每期约 7 万字，40 页左右。杂志的作者队伍是杭州图书馆建馆五十年来广博人脉的直接体现，遍布全市政府、民间、沙龙等各种人文组织。以后这支队伍逐渐延伸到一些始料未及的层面，从新西兰汉学会到中国外交部，从霍金唯一的华人弟子吴忠超到侨居马萨诸塞州的厉鹗后代厉声树，从百岁老人周有光到书法家沈鹏……杂志与国内外文人雅士结下了深厚的友谊。

从 2006 年至今，《文澜》已经走过八个年头。杂志知晓度也逐渐从国内扩展到了国外，杂志陆续抵达了美国、新西兰、日本……杂志稿源越来越丰富，以吴忠超、周素子、厉声树为代表的汉学家们引导着《文澜》站在一个更高的平台上，与读者一起领会国学、参悟人文、审视世界。

第六节

咏秋社

咏秋社是杭州图书馆生活主题分馆与杭州京剧票友俱乐部共同组织的一个业余京剧社团，由一批以研习程派表演艺术为主的京剧爱好者组成，同时吸纳其他京剧流派的爱好者加入。

“鸣和、御霜、研习、共进”是咏秋社的宗旨。鸣和：提倡团队精神，让每位成员都在咏秋社里体现价值；御霜：正视一切困难，运用有限资源，实现目标；研习：享受学戏过程，在研习京剧的过程中体会快乐；共进，大家进步才是真正进步。

2012 年是程砚秋创演《锁麟囊》70 周年，也是京剧被列入《人类非物质文化遗产代表作名录》十周年。为纪念程砚秋，弘扬程派艺术，让公众近距离接触京剧，咏秋社将《锁麟囊》搬上舞台。演出阵容以咏秋社社员和自建乐队为主，特别邀请宁波程派名票和宁波老生名票前来助阵，同时邀请浙江省京剧团优秀青年专业演员作为嘉宾压轴出演《大团圆》一折中的薛湘灵。演出由京剧爱好者、“浓妆淡抹戏曲工作室”的掌门人帮助解决服装和道具、化妆等问题。

具有咏秋特色的《锁麟囊》除保留程派名剧的经典唱段和场次外，还以评书形式来表现非核心场次，介绍下一场的看点，做到了雅俗共赏，通俗易懂。演出当天，可容纳 400 余人的现场座无虚席，业余剧社达到了准专业的水准。程砚秋的三公子程永江先生特地从北京赶来观看，演出结束后连连表示：“很好！很感谢！”他几度落泪，感慨于程派艺术在民间得到了继承。他兴奋地接受邀请，担任了咏秋社的艺术指导。

有了《锁麟囊》成功演出的经验，咏秋社做出了大胆尝试，在筹备京剧《玉堂春》演出时，打破以《三堂会审》折子为主的常规，联合名家、名票、名嘴共同排演全本《玉堂春》。此举吸引了荀派名旦、浙江省京剧团国家二级导演、浙江京剧团丑行演员热情加盟演出。演出前程永江先生在杭州图书馆报告厅作了一场关于程派艺术及程砚秋的艺术生涯的讲座——《与程砚秋大师面对面》，为演出进行了很好的预热。

咏秋社在排练《三堂会审》

全本京剧《玉堂春》演出的消息引起了央视戏曲频道《戏曲采风》栏目组的注意。《戏曲采风》栏目组从北京赶来，对咏秋社的演出从台前到幕后都进行了详细采访。随后，时长八分钟的电视专题片《咏秋社——国粹飘香在杭州图书馆》在中央电视台戏曲频道《戏曲采风》栏目播出。浙江影视频道《文化一点通》栏目和《杭州日报》也有宣传报道。

2013 年，咏秋社启动“江浙沪三地京剧名票演出计划”，联系各地京剧团、昆剧团的一些老艺术家，努力壮大这一社团。咏秋社被京剧爱好者誉为“浙江好声音”，被杭州市文化主管部门评为“杭州市群众文化二星级示范团队”。

程派经典折子戏演出

06

第六章
资源开发与服务

资源开发与服务是图书馆提升服务品质和深化服务内涵的重要手段。杭州图书馆在资源开发与服务方面进行了积极的探索和实践。

资源开发与服务是图书馆提升服务品质和深化服务内涵的重要手段。杭州图书馆在资源开发与服务方面进行了积极的探索和实践。一是着眼于文献信息资源的开发利用，依托丰富的馆藏资源和现代技术，以用户需求为导向，经过分析、综合、整理和提炼，将蕴藏在文献中有价值的知识信息挖掘出来，提供给用户更具针对性和有效性的信息服务；二是充分调动各种社会资源共同参与图书馆事业，通过多种形式的社会合作推动创新，发挥图书馆在社会发展中的更大作用。

第一节

文献资源开发

一、“西湖传说”系列文献的开发与研究

“西湖传说”原是民间创作流传的与西湖及杭州地域生活形态相关的一种口头文学，现在则泛指历代流传于杭州地区的各类传说。其内容丰富多彩，生动地反映了本地的社会历史面貌，在历史学、民俗学、文化人类学等方面都具有科学研究的价值。因为口头传承的局限和现代传媒的发展，“西湖传说”逐渐失去了生存发展的环境。

2008年6月，“西湖传说”入选第二批国家级非物质文化遗产名录，并由杭州图书馆负责具体实施保护管理工作。杭州图书馆聘请专家学者，共同组建了保护工作指导小组和保护工作委员会，利用图书馆资源建立了“西湖传说”的传承基地和展示平台，陆续招募并培养了一批口述传承人，并定期举办以“西湖传说”为主题的各类特色展览、沙龙及故事讲述等活动，使“西湖传说”的内容和价值被人们重新认识。同时，杭州图书馆还以此为契机，积极开展“西湖传说”的相关学术研究，系统开发这一领域的文献资源。

以“西湖传说”为主题的开发文献

1.《“西湖传说”故事集成》的整理与出版

以往的“西湖传说”中，为人所熟知的只有数十篇，更多的内容或流传于民间，或散见于各类民间故事文本。杭州图书馆组织调查走访，寻找口述传承人，记录故事文本；面向全社会发布《西湖传说征集启事》，广泛采集“西湖传说”的讲述资料；通过出资购买、馆际互借等形式，搜集历年来杭州市民间文学的采录成果，尽可能地拾遗补缺、整理完善。在此基础上，杭州图书馆对所有的故事进行进行系统分类，选择篇目、审校内容、核定文字，编纂了兼具文献性和欣赏研究性的文献丛书《“西湖传说”故事集成》。

《“西湖传说”故事集成》计划分三卷八册：第一卷含三册，收录风景名胜和地名、古迹的故事；第二卷含二册，收录地方物产和社会习俗类故事；第三卷含三册，收录文化人物和历史事件类故事。2013年12月，杭州出版社正式出版《“西湖传说”故事集成·名胜古迹卷·壹》；至2014年年底，已完成其中四册书稿200余万字的编辑工作。

2.“浙江省非物质文化遗产代表作丛书”之一《西湖传说》的编撰

“浙江省非物质文化遗产代表作丛书”是浙江省的一项文化工程，旨在通过抢救性的记录整理和出版传播，普及“非遗”知识，激发全社会的关注和保护意识。这项工程计划将所有列入国家级非物质文化遗产保护名录的项目逐一编纂成书，每一册书介绍一个项目，从自然环境、起源发端、历史沿革、艺术表现、传承谱系、文化特征、保护方式等方面予以全景全息式的记录和反映。杭州图书馆完成了《西湖传说》这一册的编著工作。该书钩沉辑录历代文献典籍中的相关材料，系统梳理了“西湖传说”的起源、演变和发展，选录了一些代表性故事，介绍了“西湖传说”在当代的传播状态，研究了“西湖传说”的价值，并记录了“西湖传说”的保护与传承情况，2012年5月该书由浙江摄影出版社出版发行。

二、集成性开发文献《浙江藏书家传略》的编撰

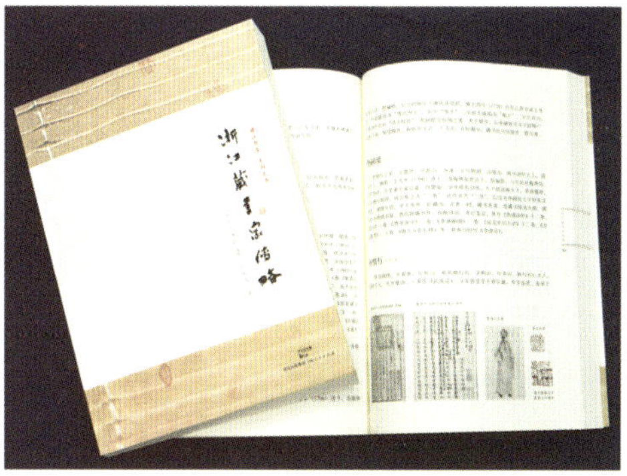

集成性开发文献《浙江藏书家传略》

传统藏书文化源远流长，千百年来，累世叠加，蔚然成学，其中藏书人物的研究是藏书文化探寻的主题之一。杭州图书馆编纂的《浙江藏书家传略》，以浙江图书馆原古籍部主任何槐昌先生的初稿为基础，进行了标点编排、拾遗补缺，考证修订，同时增加了大量的图片资料。《浙江藏书家传略》于2013年由上海人民出版社出版。

三、馆藏开发文献《苏东坡书表忠观碑》的出版

《表忠观碑》是北宋著名文学家、书法家苏轼（1037—1101）盛年时撰文并书写的大字楷书碑版作品。此作不但文词脍炙人口，书法也精妙无比。明王世贞在《弇州山人稿》中评此碑云："《表忠观碑》苏文忠公撰并书，结法不能如《罗池》老笔，亦自婉润可爱。铭词是苏诗之佳者。"此碑书风清丽雄伟，为苏轼书碑的代表作之一。

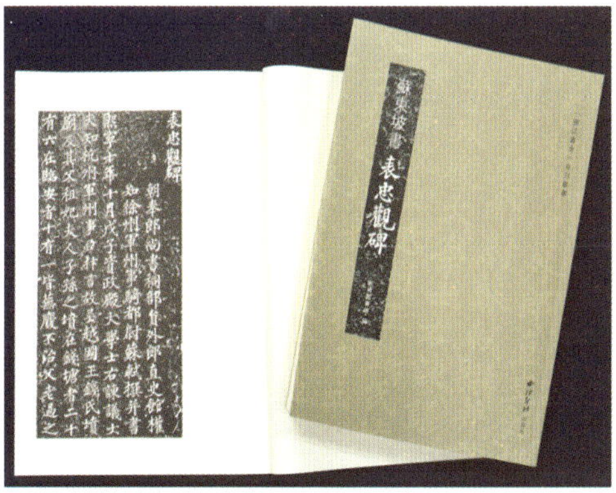

馆藏开发文献《苏东坡书表忠观碑》

现陈列于钱王祠左庑的《表忠观碑》是明嘉靖三十六年（1557年）杭州知府陈柯重模上石者，亦分作四石八面刻立，每面七行，满行18字，可惜现仅存三石六面。

杭州图书馆所藏《表忠观碑》为明嘉靖陈柯版，虽因原石损坏有若干字缺损，但基本为完整拓本，实属难得，是杭州图书馆的重要馆藏之一。杭州图书馆将《苏东坡书表忠观碑》以与原碑文等大方式精致影印出版，并附全文，以利于书法爱好者和研究者研读。

四、馆藏开发文献《杭州高氏乐只室所藏古今之文历代砖铭》的整理出版

砖铭是中国古代民间艺术的一个重要门类，就材质而言，与瓦当、陶铭一样，为泥质类的民间艺术瑰宝，和甲骨刻划、青铜融铸、碑版摩刻、摩崖石刻等同属传统金石学研究之领域。

馆藏开发文献《杭州高氏乐只室所藏古砖之文》

杭州图书馆所藏《杭州高氏乐只室所藏古今之文历代砖铭》，是高络园先生古砖藏品的拓片图集。高络园（1886—1976），名时敷，字绎求，号络园，是西泠印社早期社员，书画印皆精，尤富收藏。图集中收录了大量其所藏之古砖，以文字砖为主，并有少量的画像砖，尤以几方佛像砖颇为难得。杭州图书馆工作人员对高氏相关文献进行收集、整理、研究、翻拍后，编辑出版了《杭州高氏乐只室所藏古砖之文》。

第二节

信息资源开发与决策服务

杭州图书馆围绕服务政府、服务企业、服务读者的目标，从开发信息产品为政府部门提供决策信息服务开始，逐渐扩大到为企事业单位和读者个人提供多元化的信息服务，实现了信息产品从“一枝独秀”到“百花齐放”的蜕变。

一、决策信息服务

杭州图书馆通过《决策参考信息》《文澜信息》等决策信息产品，为政府提供信息保障和服务，并逐渐转变为有计划、主动、长期的系统服务。

1986 年，杭州图书馆第一份信息产品《城市工作信息》诞生。它是一份从 700 多份报纸中筛选出信息的周刊，关注外界对杭州的评论和报道及国内外城市典型经验和成功做法，为政府应对临时、突发事件提供借鉴。

为了进一步提高信息服务的效率，自 2002 年起，杭州图书馆信息资源的采集从报刊信息源逐渐过渡到互联网信息源。在服务内容和形式上则更强调针对性，编辑了《决策参考信息》（综合版）、《决策参考信息》（城市建设版）等七种版本。2005 年，刊物改名为《文澜信息》，以市政府每月工作重点为核心，每十天一期，每期围绕一个焦点，收集相关信息、专家言论，供杭州市政府决策参考。

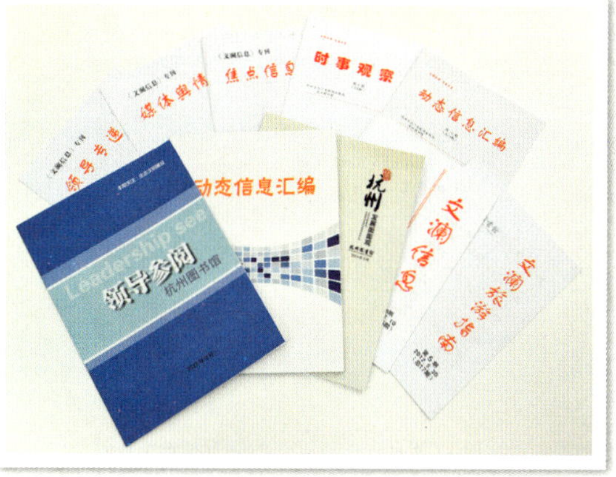

自主编辑的各类信息刊物

2006 年，按政府要求，《文澜信息》扩大了发行范围，从杭州市级机关扩大到各区县政府以及相关机构、图书馆。同时，应外地一些公共图书馆的要求，杭州图书馆也整理相关地区信息供当地决策参考。

从 2010 年 3 月开始，图书馆开始参与杭州市委办公厅《杭州信息〈今日要情〉》刊物的编辑工作，每年提供参政议政新信息不少于 5000 条，成为政府部门科学决策的有力助手。2011 年起，图书馆推出了“两会”信息直通车服务，围绕社会发展的热点难点和人民群众关注的焦点问题编辑“两会”服务专刊，这一服务多次获得浙江省文化厅的表彰。

二、企业信息服务

杭州图书馆开发的行业信息产品有十几种之多，如《房地产信息》《旅游信息指南》《服装新潮》《服装信息教学参考资料》《风景名胜剪报资料》《旅游剪报资料》《食品饮料保健信息》《啤酒、葡萄酒信息》《通信类信息》《统计数据类信息》《民营企业信息》《园林信息》等，主要为杭州市乃至浙江省的重点企业提供服务。

杭州图书馆与企业家俱乐部联合创办的第一份企业信息丛刊是《信息汇丛》，内容包括国家经济工作政策变化和兄弟省市的不同举措，国内外企业家成功的经验和企业的改革动态，国内外新技术、新产品的发展和开发趋势、技术转让信息，中国香港地区和台湾地区及国外的经贸信息，国内市场预测和各地重要商品供求动态等。同时，还围绕企业界关心关注的问题，不定期编印《企业与金融》《经济管理与法律知识》《产品质量管理》《横向经济联系》等专辑，使企业家能掌握最新前沿资讯，了解相关行业动态，助力企业的快速、健康、可持续发展。

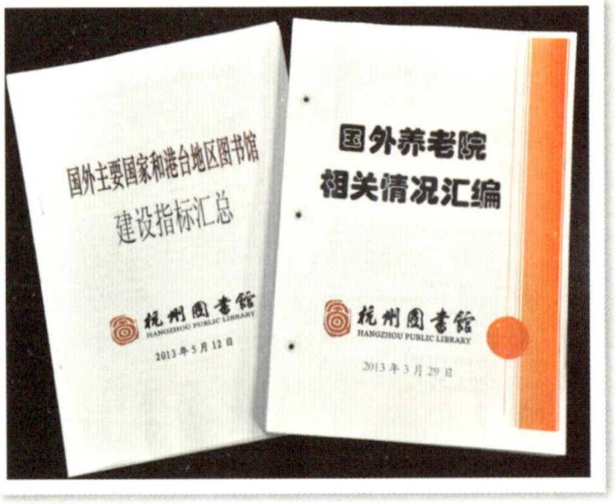

专题调研类信息

杭州图书馆近年来开始了信息“定制服务”的探索。2013 年，杭州绿城房地产集团有限公司筹划发展养老产业，杭州图书馆组成信息服务组，查找世界各国养老事业资料，对有价值的观念、举措等进行分类梳理和内容提炼，形成了专题研究产品《国外养老院相关情况汇编》，得到了用户的高度认可。

三、个人参考咨询

杭州图书馆利用馆藏文献及国内外数据库资源，运用现代化服务手段，如电子邮件咨询、网上平台咨询或在线咨询等，为个人的课题调研、论文撰写等研究活动提供参考咨询服务。

2009 年，为了配合杭州市城市学系列丛书项目的信息服务工作，杭州图书馆成立了由高级研究人员与外语专业人员 15 人组成的“城市学研究课题服务小组”，帮助城市学研究人员熟悉网络文献信息的检索途径和获取技巧等。同时，为在境外 19 个城市的城市学研修人员提供“一对一”服务，为他们提供了其所在城市的图书馆分布以及这些图书馆的馆藏文献信息、相关硕博士专业论文等资料。杭州图书馆还承担城市学专题文献资源和数据库建设等工作。

在两会上接受委员、代表的咨询

2012 年 12 月，杭州图书馆接到新加坡南洋艺术学院东南亚艺术研究所的委托，系统收集“海上画派”以及 19 世纪 90 年代初期美术学校与画社建立的相关资料。图书馆通过对馆藏及国内外数据库的查询，为其提供了有关杭州的历史、国立杭州艺术专科学校（今中国美术学院）校史、近现代中国各类型画社及美术团体建立的时间与影响等多种图书以及相关专题研究资料。

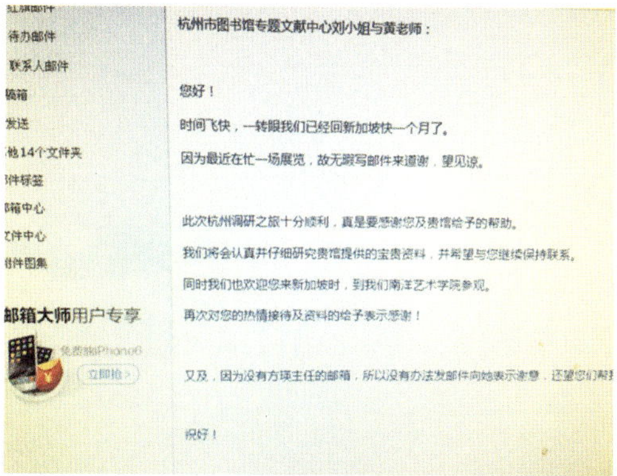

新加坡南洋艺术学院感谢信（1）

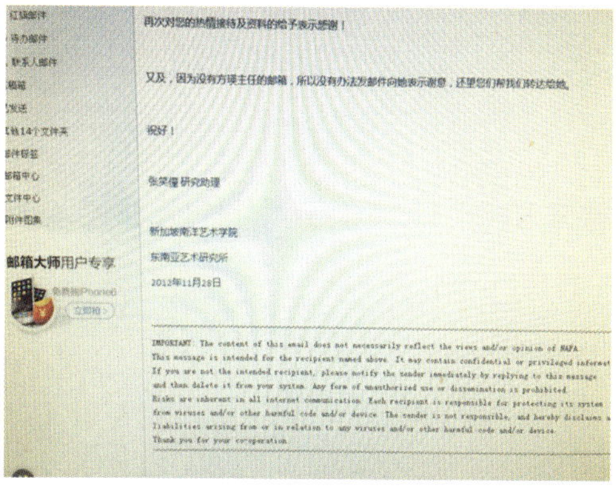

新加坡南洋艺术学院感谢信（2）

第三节

社会资源开发

一、开发多元社会力量

1. 社会资源的类型

互联网环境下的“跨界思维”方式为公共图书馆与社会各界的开放合作拓展了思路。杭州图书馆在服务管理、业务拓展等方面寻求政府、社会机构、企事业单位的合作，建立起各种共建机制，创新了服务手段，丰富了服务项目。杭州图书馆通过与不同性质的机构、组织的合作，广泛引进不同社会资源，设计了多样的服务项目。

政府机构有大量的服务公众的事务，公共图书馆若能找到双方合作的契合点，就能利用政府机构的权威性为图书馆文化服务渠道的开拓带来积极影响。杭州图书馆目前合作的政府机构主要有市纪委、市委宣传部、市外办、市妇联、市健康办等，“清风讲坛”“世界风情”“幸福人生”“健康大讲堂”等主题系列讲座就是此类合作的成果。

与政府合作的“清风讲坛”

社会机构类型多样，包括众多文创机构、公益团体、新闻媒体等。与杭州图书馆合作的社会机构有西泠印社、书画家协会、作家协会、合唱协会、昆剧团等，还有电视、报纸、电台等媒体以及一些民间公益组织，合作推出的项目有讲座、展览表演以及互动体验等，因而丰富了图书馆文化活动资源。

随着社会的进步，越来越多具有规模的企业开始关注企业的社会责任和自身形象等问题。杭州图书馆主动了解一些企业参与社会公益活动的意愿，设计了既符合图书馆服务方向又符合企业长远利益的项目，与证券、保险、咨询、培训、教育等公司一起推出了专题咨询会、知识普及讲座、幼儿智慧启蒙主题活动、画展等文化服务项目。

个人参与公益服务是当代社会的文明时尚之一。图书馆与个人的合作使图书馆与读者的关系不再是简单的服务与被服务关系，而成为共同传播知识、共同繁荣文化、共同推动图书馆事业前进的贡献者和受益者。

2. 社会资源开发的方式

杭州图书馆通过多种方式实现社会资源融入并参与公共图书馆的社会文化服务。

（1）委托型

政府机构主动找到公共图书馆，以委托、合办等形式举办社会文化活动。这种方式一般为政府机构主导项目内容设计，承担邀请主讲人和经费保障等基本责任，图书馆作为共办者为项目实施提供场地、文献、后勤等支撑，协助政府机构履行其职责。

2010 年，杭州图书馆受中共杭州市纪委和宣传部的委托负责承办“清风讲坛”。讲坛每月一期，以全市公职人员为主要对象，由市纪委和宣传部设计活动内容、邀请主讲嘉宾，且提供基础活动经费，杭州图书馆根据讲座主题、内容等做组织、实施等具体工作，同时开展各种形式的宣传以吸引普通读者参与。

2014 年，获杭州市文化广电新闻出版局授权，杭州图书馆生活主题分馆承办了“中国梦想·最美生活”杭州市民生活才艺创意大赛。大赛通过以生活展现艺术的方式，传播健康的生活理念与方式，引领市民的文化创意生活。活动经费由市文化广电新闻出版局提供，内容设计、方案制订、组织实施等工作均由杭州图书馆生活主题分馆承担。图书馆策划了让杭州市民成为主角的活动思路，设计了“吃、住、游、乐、学”和“关注生活环境，提高生活品质”两大版块 10 个活动，在活动中展现了杭州市民的生活智慧，营造了丰富多彩、快乐祥和的文化气氛，受到市民的一致好评。大赛的成功举办，不仅让图书馆扩大了社会影响力，也提升了图书馆自身的社会活动组织策划能力。

社会各种组织大多拥有各种优质资源，期望以公益文化活动等形式提升自身品牌的社会影响，通过与公共图书馆合作举办活动是方式之一，一般由社会组织提供项目及相关资源，图书馆以承办或协办方式参与。

2011 年起，浙江省合唱协会把杭州图书馆列为每年一届“浙江省老年合唱大赛”的承办方之一。杭州图书馆的职责主要是为大赛提供场地，组织读者观看，同时承担大赛评委、老师的邀请工作及相关事务。每届大赛都有来自全省的 20 余个老年合唱团队数千人参赛。杭州图书馆音乐分馆的积极工作，使自身在专业领域的知名度迅速提升。

2013 年，杭州图书馆与南京图书馆合作，获得其中外名著插画作品的电子版本。杭州图书馆据此制作成展品，并策划了“中外名著插画作品展”，在全市范围进行展览，不仅把展品送到区、县（市）图书馆，还把展览活动扩展到机关、学校，让图书馆展览活动影响力实现了最大化。

2014 年，《都市快报》策划并组织了“地球公转摄影插画联展”，杭州图书馆作为该报年度艺术节的分会场举办了此次展览。展出的约 120 件作品，集结了《都市快报》“文艺生活”专栏的优秀作者同时也是该领域知名艺术家的作品。在展览期间，《都市快报》每天都有整版的宣传报道，也无形中增加了杭州图书馆的社会知名度。

（2）基地型

这种方式通过建立基地等形式引入社会资源，适合于民间公益团体及高校等公益服务机构。

2012 年，杭州图书馆引入 12355 青少年心理服务中心，共同建立“杭州市青少年社会教育基地”，继而推出了针对青少年心理疾病的特色专业文化服务项目——“阅读疗愈”活动。以图书馆为阵地，以馆藏文献为支撑，由青少年心理服务中心专家提供一对一的诊断服务，并以书单形式开出阅读处方和推荐阅读书目，鼓励咨询人通过阅读寻找心灵药方。此活动作为阅读推广的一种新探索受到图书馆界的关注。

“阅读疗愈”服务于中学生备考的活动仪式

2013 年，杭州图书馆引入孔子学堂，成立“读经·吟诵”社会教育基地，每月由孔子学堂的国学专家在杭州图书馆开设国学课，向 5 岁以上小读者讲授中国传统诗词歌赋作品的吟诵知识，培养孩子们对中国古典文化的兴趣，促进国学传承。

此外，杭州图书馆还分别与杭州幼儿师范学院、杭州计量学院外国语学院建立“杭州幼儿师范学院社会实践基地”和“杭州青少年语言教育与国际交流体验中心”，推出了面向未成年人的“文澜故事树”“英语范儿课堂”等活动。

（3）项目型

图书馆自主策划设计项目，并寻找社会资源融入。项目类型分短期和长期两种。引入对象可以是政府机构、社会团体，也可以是媒体、企业、培训机构等，通过跨界别多方联动提升活动效果。

2013 年，杭州图书馆策划设计了一项高端英语讲座——“世界风情”。其主旨为介绍世界各国历史文化和风土人情。为此，杭州图书馆与市人民对外友好协会 、市委外宣办积极沟通，达成了长期合作协议。邀请主讲人及产生的相关经费由市人民对外友好协会和市委外宣办负责，杭州图书馆负责每期的内容设计和活动的拓展。2014 年，杭州图书馆将“世界风情”升级为“家门口看世界”，活动内容从单纯的讲座拓展为讲座为主，辅以主题音乐赏析、摄影、书刊展览、歌舞表演等多种活动形式的文化活动，使世界文化展示更加全面、立体、生动。

“世界风情”系列活动中市民品尝韩国小食品和酒水

2014 年，杭州图书馆为推广地方文献和宣传美丽杭州，策划推出“爱上一段文化，恋上一座城市”系列活动。图书馆与杭州电视台、杭州之声电台、西湖之声电台、葫芦网等富有地方特色的多家本地媒体合作，由媒体组织具有知名度、影响力的主持人组成活动的主讲人团队，根据杭州图书馆提供的策划方案，从不同的视角揭示杭城历史文化，与读者一起品读杭城不同的地方风情，营造“阅杭州，品杭州，爱杭州”的社会氛围。图书馆在为项目寻找合作伙伴时，注意为不同的内容寻找恰当的合作方。例如，活动中“杭州生活”一期，选择与杭州电视台生活频道合作；“杭州故事”一期，则与杭州电视台西湖明珠频道合作。这样的运作方式，充分利用了合作媒体的资源，又保障了图书馆的主导性。

2014 年，杭州图书馆与中国石油化工集团公司跨界合作，推出了便民项目“图书加油站”，将图书服务延伸到加油站内的快捷超市，加油站成为杭州市公共图书馆服务体系中的一个服务网点。杭州图书馆直接为“图书加油站”配送书刊，并向市民提供图书借还、阅览、预约、续借以及点菜式借书、信息资源咨询与检索等各种服务。

无障碍视听服务中，盲人正在欣赏“凹凸雕塑展”

杭州图书馆音乐分馆是杭州市首批残疾人无障碍视听基地之一。音乐分馆主动与市残疾人联合会、省残疾人福利基金会保持联系，并与省昆剧团、电视台、广播电台等各种机构进行合作，在全国助残日、自闭症日等特殊节日，组织了《摇啊摇，摇到外婆桥》无障碍电影沙龙、大伟老师现场解说电影《垂直极限》、大型无障碍电影《建党伟业》鉴赏、送节目进聋哑学校和赠送无障碍音像制品等一系列活动。2013 年，图书馆还与民进省直基层组织工作委员会、杭州市金牌导游品质服务队合作，在音乐分馆设立了“听心”盲人影院，为杭州市辖区内的盲人朋友提供每月一期的金牌导游现场“讲电影”活动。

（4）个体型

杭州图书馆为社会个人志愿者提供参与平台，吸引相同志趣的读者共同开展社会文化活动，“志愿者服务队”“读者之友社”“市民合唱团”“文澜沙龙”等都是这一类型。

有些市民拥有独特的专长、特殊的经历和珍贵的收藏，杭州图书馆同样作为社会资源进行开发。市民谭启晓一直热衷于挖掘和保护杭州历史文化，杭州图书馆 2011 年和 2012 年连续两年邀请谭老先生举办了“一位市民的西湖申遗情结”和“签名封里的故事”展览，展示了他 30 余年来每年所做的西湖水质透明度详尽记录，他拍摄的西湖景区照片、手绘景区地图、精心制作的首日封，以及他亲手制作和精心收藏的见

2010 年，杭州图书馆的读者向国际图联主席艾伦·泰赛介绍由读者主导编撰的杂志

志愿者谭启晓举办个人事迹展览

证了发生在杭城的众多重大历史事件的签名封。展览不仅获得读者的欢迎，而且受到全社会关注。2012 年年初，中央电视台中文国际频道《远方的家·沿海行》栏目组为此专访谭老先生，并请他在“杭州”这期节目中介绍西湖。《杭州日报》整版报道了谭老先生几十年来关心西湖、为西湖申遗事业呕心沥血的西湖情结。另外，通过谭老先生的沟通，市民章鑫海先生（地图收藏家、原浙江省收藏协会地图专业委员会委员）将自己收藏的部分地图无偿捐赠给杭州图书馆。

2013 年，来自德国埃尔福特应用科技大学的资深纸质文物修复师舞忒·洛恩茨（Frau Mag. art. Ute Lorenz）教授向杭州图书馆捐赠了一套地契及修复报告。2014 年，杭州图书馆邀请舞忒·洛恩茨教授来馆参观并做学术报告。9 月，舞忒·洛恩茨教授自费来到杭州图书馆，举行了“纸质文物的鉴定、修复与保护”专题报告会，详细介绍了德国纸质文物修复的工具与设备、修复对象的鉴定以及修复工作的流程。全省纸质文物修复界的同人们聆听了此次讲座，讲座对提高省内纸质文物修复水平以及促进中德两国在纸质文物修复方面的学术交流都有很大帮助。

德国专家介绍历史文献修复技术

二、杭州市图书馆事业基金会

2003年，杭州市图书馆事业基金会成立，这是一个推动公共图书馆事业发展的公募基金会，宗旨是通过社会资金的募集、管理、使用宣传图书馆事业活动，凝聚和整合有志于公益文化事业的社会资源，为公共图书馆事业的发展提供支持。

2014年5月30日，杭州图书馆事业基金会举行理事会换届会议

基金会原始资金来源于读者借书证押金和企业家捐赠两个方面。基金会理事成员大多为热心于公共事业的浙江企业家，因此理事会捐赠在基金数额中占有较大比例。2014年4月，杭州市图书馆事业基金会开始并行杭州市青少年阅读基金会的功能，市财政局一次性补助2500万元。自此，行政性补助成为基金会收入的主要来源之一。

杭州市图书馆事业基金会的资金主要用于本市图书馆社会服务网络建设，奖励在图书馆事业发展中有突出贡献的工作者及县、区、乡镇图书馆（室）的先进集体和个人，同时开展国内外公共图书馆活动的交流、培训等，主要成果有以下几个方面。

第一，在浙江省盲人学校设立盲文分馆，捐助了数十台盲人阅读器，基金会理事单位西子奥的斯向盲文分馆捐赠了供盲人用专门电梯一部。支持杭州图书馆佛学分馆兴办，并获得市佛教协会200万元的专项捐赠。

第二，关注基层专业队伍建设，自2009年起，基金会每年开展优秀基层图书馆管理员的评选，先后对216名基层管理员进行表彰和奖励。2013年，基金会制定了《杭州市公共图书馆事业优秀工作者奖励暂行办法》，提供专项经费开展“杭州市图书馆事业基金会优秀工作人员评选”活动，表彰和奖励在图书馆工作岗位上有突出业绩的工作者，提升了基层图书馆管理队伍的积极性。基金会还参与杭州市公共图书馆总分馆体系的业务培训，为七区县农村图书馆（室）工作人员开展农村图书馆（室）服务培训。

第三，2007年，杭州市图书馆事业基金会为甘肃省通渭县图书馆配置了价值30余万元的美术资料图书，在有“书画艺术之乡”之称的通渭县建立了杭州市图书馆基金会美术资料阅览室；2009 年，基金会根据捐赠人的定向要求，向黑龙江省同江市捐赠了价值 7 万元的书籍。2010 年，通过青海省慈善总会向青海玉树州图书馆捐赠了 2 万元购书款。同年，向吉林省延边朝鲜族自治州图书馆捐献了价值 11 万元的艺术、文史和社会科学类书籍。

第四，2012 年，杭州市图书馆事业基金会联合少先队杭州市工作委员会举办“小故事·大舞台”首届杭州市红领巾绘本表演比赛，共同推进本市青少年儿童阅读工作的开展。基金会还组织了“杭州地区青少年阅读现状”调研，在摸清青少年阅读的基本状况后开展相应的阅读推广活动，指导和扶持六个社区图书馆的青少年阅读服务工作。

基金会向甘肃省通渭县图书馆捐献图书仪式

第五，2010 年，杭州市图书馆事业基金会和美国健华基金会达成合作协议，由美国健华基金会为杭州市建德、淳安等地提供资金，援助建立基层图书馆。2012 年，与美国青树教育基金会合作举办了“公共图书馆服务与社会教育国际学术研讨会”。近年来，基金会陆续资助了 10 位图书馆人作为交换馆员，先后赴爱尔兰、俄罗斯、瑞典、美国、德国等国的城市图书馆或大学图书馆进行工作或学习，同时境外 4 家图书馆 9 位图书馆员先后到杭州图书馆进行了一个月的工作交流。

07

第七章 国际交流的拓展

近年来，在国际文化交流蓬勃发展的大背景下，杭州图书馆的身影开始活跃于国际图书馆界。

近年来，在国际文化交流蓬勃发展的大背景下，杭州图书馆的身影开始活跃于国际图书馆界。2003 年，杭州图书馆加入国际图联；2009 年，杭州图书馆加入全球最大的图书馆合作机构 OCLC，成为其中国大陆地区管理性成员馆之一；2011 年，杭州图书馆馆长褚树青被任命为国际图联古籍与手稿专业委员会常务委员。

第一节

多元文化交流

一、走出去的“映像西湖”

2011 年至今，杭州图书馆陆续与国外四个友好城市图书馆开展图书交换活动，在这些图书馆设立了“映像西湖”图书交换典藏专区，并依托专区开展多种文化交流活动。“映像西湖”英文名为“The Image of the West Lake”，旨在通过展示介绍中国杭州地方文化的图书及相关文化产品，向世界宣传介绍中国及杭州的文化和建设成就。

2012 年，在美国印第安纳玻利斯举办的中国文化展海报

杭州图书馆以“表演艺术”“书法绘画”“文学作品”“音乐乐器”“工艺美术”“城市发展”为主题，精心挑选富有浓厚中国风味、浓郁杭州风情的中英双语图书和音像制品赠送对方图书馆，对方则将所有图书纳入杭州图书馆的网上检索系统，方便国际读者随时随地获取信息。同时，杭州图书馆还通过陈列各种有关杭州和中国传统文化的实物资料，全方位展示中华文化，推介杭州的自然景观、城市建设和人文风貌。

以美国印第安纳波利斯市立图书馆为例：在“城市发展”主题展柜，有杭州老照片、西湖画册及《全景浙江》《江南老房子》《百年湖滨东方金座》《古城遗韵》和《西湖天下》系列丛书等；在“书法

在美国印第安纳玻利斯举办中国文化展时，用毛笔帮助当地人写中文姓名

绘画”主题展柜，有线装古籍、碑帖、中国传统文房四宝以及《宋拓淳化阁帖》《历代名帖精选》《中国石窟艺术——云冈》等图书；在“文学作品”主题展柜，既有浙江作家作品，如王旭烽的《茶人三部曲》（《南方有嘉木》《不夜之侯》《筑草为城》），也有《（英汉对照）三国演义（全五卷）》、《鲁迅文集》等传统经典；在“表演艺术”主题展柜，有中国古代服装和《中国京剧脸谱》《旗袍》等图书；在“工艺美术”主题展柜，有中国扇子、屏风等民族工艺品及《雨林剪纸艺术集》《齐白石》《上海根雕艺术》等图书；在“音乐乐器”主题展柜，有二胡、笛子等民族乐器和相关图书。

二、请进来的“世界风情”

2013 年，杭州图书馆开始组织“世界风情”系列讲座，以世界各地民众生活为切入点，展现不同国度的社会风情。这一策划得到杭州市对外办公室国际交流中心的支持，其积极联系邀请各国驻沪领事馆领事、文化官员来图书馆主讲。至 2014 年年底，“世界风情”系列讲座已举办近 20 期，介绍了澳大利亚、美国、意大利、西班牙等多个国家的风情民俗，图书馆同时鼓励在杭外籍教师、留学生参与。杭州图书馆先后举办了“澳大利亚在文化概念上的东西方摇摆”“土生土长的巴西音乐巴萨诺瓦赏析”“意式浪漫如何甚于法式浪漫”“影响美国命运的 7 个历史瞬间”“2012 伦敦奥运会开幕式的意象解读”“来自葡萄酒生产大国匈牙利的红酒品鉴”等活动。

2013 年 7 月，匈牙利驻沪领事馆总领事拉斯洛・库蒂、前中国驻匈牙利大使馆大使朱祖寿、前中国驻匈牙利大使馆文化参赞刘文卿做客“世界风情”系列讲座第 7 期“匈牙利篇”。拉斯洛・库蒂认为匈牙利不属于西方或者东方，却兼具东西方风情；朱祖寿说匈牙利人是中国人远在欧洲的亲戚，是亚洲特性在欧洲大陆开枝散叶的文化播种者；刘文卿则以自己在匈牙利二十多年的人生经历，讲述了自己融入匈牙利再任匈牙利融入自己的过程。三位匈牙利文化的亲历者用自己的视角和方式解读匈牙利，既有对异国文化的冷静审视，也不乏对本国文化的自我关照。

"世界风情"系列活动中，读者在品鉴匈牙利红酒

"世界风情"系列活动中，澳大利亚驻上海副总领事蒂莫西·怀特在介绍澳洲文化之余与读者交流

三、多彩异域文化的展示

2011 年，由杭州图书馆、澳大利亚驻华大使馆和亚太多媒体艺术中心联合主办的"光源自光"当代媒体艺术作品展在杭州图书馆举办。展览汇集了 11 件以"光"为主题的现代艺术作品，探索光的特性和寓意以及图书馆作为启迪智慧之地的观念。同年，杭州图书馆还与美国驻华大使馆联合主办了华裔美国摄影家胡明勇摄影展——"身份与美国风景"，展出了凝聚胡明勇多年心血的代表作 70 余件，围绕"美国的亚裔居民"这一主题，展现了目前生活在美国的华裔的生活状态。

2012 年，杭州图书馆与日本国际交流基金会、日本千弘美术馆联合主办了日本画家岩崎千弘《窗边的小豆豆》画展。《窗边的小豆豆》是著名演员、联合国儿童基金会亲善大使、千弘美术馆馆长黑柳彻子根据童年亲身经历创作的一部作品。展览通过《窗边的小豆豆》的封面画、插图等 37 幅作品向杭州读展现了岩崎千弘作品的魅力。

2013 年，杭州图书馆通过与美国印第安纳波利斯图书馆建立的友好合作关系，在美国印第安纳波利斯—杭州姐妹城市协会的共同努力下，在杭州图书馆推出了"印第安纳波利斯印象展"。展览通过图片展览、专题沙龙、专题书展等形式，将印第安纳波利斯这座"体育之城"的代表元素、场景、氛围介绍给杭州市民。这是一次面向杭州市民的国际文化交流，也是两市缔结友好城市五周年的纪念活动，同时显示了杭州图书馆在国际文化交流方面的积极作用。这一活动显示出公共图书馆可以成为开拓国际文化交流渠道的平台，因此获得"2014 年中美友好城市大会"最佳创新奖。

第二节

专业学术交流

一、平行的国际交流

2011 年 6 月，馆长褚树青赴丹麦参加 NEXT LIBRARY 2011 国际论坛，和与会嘉宾探讨图书馆的未来发展方向和数字图书馆、图书馆绩效评估方面的经验和做法。

2012 年 4 月，派员赴澳大利亚、新西兰参加“中澳数字图书馆研讨会”和“中新数字图书馆研讨会”，专家学者共同研讨数字图书馆发展趋势和如何更好地推动数字图书馆的发展。

2012 年 7 月，派员赴日本参加日本国际交流基金会组织的“交流之窗专题工作会议”，交流中国各地基金会专项活动开展情况，分享经验，提出展望。

2012 年 8 月，馆长褚树青及馆员代表赴芬兰参加第 78 届国际图联大会，并围绕会议主题“图书馆行动起来！激发灵感……超越想象……赋予力量”与各国图书馆界人士进行交流。

2011 年，褚树青馆长在丹麦奥尔胡斯参加 NEXT LIBRARY 2011 国际论坛时做主旨演讲

2012 年，褚树青馆长率团参加在芬兰举行的国际图联大会

2013 年 8 月，馆长及馆员代表赴新加坡参加第 79 届国际图联大会以及之前在泰国举行的国际图联曼谷会议，围绕“未来图书馆：无限可能”这一大会主题，他们和与会代表共同探讨不断发展的社会中图书馆的可能变化及需要承担的责任，并考察当地公共图书馆运行机制和市民阅读推广状况。

2014 年 6 月，派员赴美国参加美国图书馆协会年会，了解美国图书馆界最新资讯、前沿观点，借鉴美国同行的先进经验。

2014 年 8 月，馆长及馆员代表赴法国参加第 80 届国际图联大会，围绕“图书馆、公民、社会：为知识而汇聚”这一大会主题进行了专业探讨。

2014 年，瑞典布罗斯大学图书馆情报学专业的学生玛德琳得到瑞典国际发展合作局的奖学金，实施一项“小型实地研究”。玛德琳拟利用该奖学金开展实地研究，杭州图书馆成为其研究选择的对象。玛德琳称在一篇文章里看到杭州图书馆馆长在一次图书馆会议上的演讲，其所描述的杭州图书馆让她产生走进中国了解公共图书馆的愿望，吸引她来到杭州图书馆。在杭州图书馆，玛德琳采访了七位工作在一线岗位的馆员，和他们一同探讨了对公共图书馆及其自身的角色、功能的理解和认识，以及对图书馆读者的观点和态度。瑞典图书情报学以往的研究领域中，缺乏非西方的视角，对中国图书馆的研究完全是空白，所以玛德琳的研究有历史性意义。

二、世界目光聚焦的论坛

2010 年，杭州图书馆承办上海（杭州）图书馆国际论坛。论坛主题为“城市生活与图书馆服务”，吸引了美国、英国、俄罗斯、瑞典、新加坡、日本、捷克、斯洛伐克等 20 多个国家的 300 余专家学者参与。

2012 年，杭州图书馆与美国青树教育基金会合作，共同主办了“公共图书馆、学校图书馆、民间图书馆服务与社会教育国际学术研讨会”，会议围绕“图书馆作为社会教育中心”的主题，从“创新和创造力”“阅读和素养”“服务特殊群体”“图书馆合作模式”“图书馆评估”等多个角度来探讨图书馆在全球信息一体化背景下的责任和使命。与会中外来宾有 260 余人。

2012 年参加图书馆国际论坛的各国代表齐聚杭州图书馆

这两次国际论坛吸引了世界的目光，多家图书馆希望能与杭州图书馆进行更深入的交流和合作，爱尔兰科克大学图书馆、瑞典斯德哥尔摩市立图书馆、俄罗斯涅克拉索夫图书馆、美国印第安纳波利斯市立图书馆等数个国际友好图书馆加入了合作行列，为杭州图书馆的长期国际交流创造了前提。

杭州图书馆馆员赴瑞典斯德哥尔摩图书馆交流

爱尔兰库克大学图书馆馆员来杭州图书馆与读者交流

平民图书馆 市民大书房
新浪微博
微信订阅号

州数字图书馆开

第四届文化部创新奖
多终端全方位数字服务平台—文澜在线

08

第八章

数字服务的探索

杭州图书馆以网站建设为起点，经历三网融合的数字图书馆和移动图书馆，最终向智慧图书馆方向探索与前进。

随着 21 世纪以来互联网的快速发展，数字化信息服务已成为图书馆常规服务内容的一部分。经过充分调研，杭州图书馆以网站建设为起点，经历三网融合的数字图书馆和移动图书馆，最终向智慧图书馆方向探索与前进。

第一节

摸索向前的萌芽阶段

2002 年 4 月，杭州图书馆形成了图书馆网站初步建设方案，制定框架并设计了首页、内页及服务栏目，同时购买了几台经济实用的兼容机，作为网站的首批服务器与存储设备。从网页设计到美工排版、从栏目策划到内容充实、从功能使用到网站测试，经过两周的努力，“文澜在线”网站初具雏形。以此为切入点，杭州图书馆推动传统图书馆向现代服务转型。

杭州图书馆“文澜在线”网站建成后，就将服务延伸至基层图书馆，各区县图书馆电子阅览室电脑均链接了杭州图书馆网站。以后几年，杭州图书馆陆续开展了以杭州地方风物为内容的馆藏文献的数字化工作，并购买了中国知网、《杭州日报》数字版、天方有声图书馆等多个数据库，进一步丰富了馆藏数字资源，拓展了网站的服务功能。杭州图书馆“文澜在线”网站不断改版，逐渐完善。网站紧跟信息应用技术发展，及时融入 Web2. 0 元素，引入互动功能，开拓社交渠道，逐渐步入了稳定发展阶段。

“文澜在线”（2002 版）网站主页

“文澜在线”（2009 版）网站主页

第二节

三网融合的数字图书馆

2010 年 2 月，杭州图书馆向市政府提出整合杭州地区宽带城域网（包括有线与无线）、移动数字电视网、移动多媒体网三大网络，建设“三网融合”的数字图书馆的专项申请，邀请来自国家图书馆、上海图书馆、浙江图书馆、浙江大学图书馆的七位专家教授对杭州数字图书馆在三网融合环境下的可行性建设进行了论证与评估。专家认为，杭州地区实现三网融合的技术条件已经成熟，移动平台、电视平台的系统接口与图书馆现有系统的兼容性良好，能够实现三网融合环境下的跨平台、多终端数字图书馆的基本功能。同时，三网融合环境下的数字图书馆的建设模式将全媒体与公共文化服务体系进行有效结合，具有突破性、创新性和推广价值，能够改善用户利用图书馆的服务环境，将图书馆服务嵌入百姓生活。

数字图书馆开通仪式

2010 年 7 月，杭州数字图书馆技术框架搭建完成。经过三个月的资源整合和两次内部测试，10 月，杭州数字图书馆进入试运行阶段。12 月底，杭州数字图书馆——“文澜在线”正式上线，这是一个集教育学习、娱乐休闲、研究交流等多功能为一体的信息资源平台，包括网站平台、移动平台和数字电视三大平台。

一、网站平台

网站平台提供的信息服务分别为 web 发布、多媒体、图片管理和数据库管理，主要由三台服务器完成，这种模式有利于数据存储与权限管理。为保证数据安全，服务器托管于杭州华数网通（位居中国新媒体产业发展第一方阵的全国性新媒体运营商）的机房，与购买的多媒体视频资源一起接入百兆以上的图书馆 VPN 线路和互联网，通过三层交换机 CISCO 3560G 进行对外交互。

网站整体采用 .NET 架构实现，以 XML 国际标准作为数据交换接口规范，调用图书馆业务系统 Interlib 用户身份认证接口与 OPAC 书目检索系统接口，定制用户个人图书馆与书目查询功能。

杭州图书馆网站平台设有资源检索、参考咨询、阅读推荐、视听专区、微博互动等十大栏目，提供数字资源共 50.38TB，包括外购数据库、自建资源库、数字刊物以及电视剧、电影、综合节目等音频视频资源。2009 年杭州图书馆成为国内首家 OCLC 管理级成员馆，可以帮助用户通过 OCLC 平台对 170 个国家和地区的 72000 余个图书馆近 18 亿条书目进行查询和图书馆际互借，让用户享受到专业、权威、全球化的信息服务。

二、移动平台

杭州数字图书馆移动平台由一台服务器组成，主要提供基于 wap 版发布的移动信息服务，实现了无线移动通信技术在图书馆领域的应用。用户可通过智能手机、iPad 平板电脑等移动终端的 GPRS 功能或 Wi-Fi 访问图书馆移动平台，享受移动阅读、续借、书目查询、信息推送等相关服务；移动平台在线阅读栏目提供约 3000 种大众文化类数字杂志，实时更新。数字杂志带有智能版和简洁版两种模式，简洁版提供文字内容，智能版则包括图片和文字，用户可以自行选择。

三、电视平台

杭州数字图书馆数字电视服务由五台服务器完成，每台服务器均配置四块千兆网卡，三台 web 服务器和两台数据库服务器通过四层负载均衡实现应用，数字电视用户通过信号转化器访问和互动点播。数字电视平台结合电视信息传播与收看的特点，开设书目检索、个人空间、阅读推荐、电视杂志、视听专区、活动信息等栏目，不仅让用户在家里了解图书馆的各项活动，同时也能通过数字电视点播图书馆的各种视听资源。视听专区提供多种视听资源，如科教视频和大众人文类电视杂志。

"文澜在线" 2012 年荣获文化部创新奖

基于"三网融合"的数字图书馆实现了两个突破：一是实现全天候、无任何限制、非注册向全地区市民免费开放数字资源的图书馆，实现服务到家庭、到桌面、到身边；二是通过社会各界协作，建立了融合多终端全方位综合性服务的数字图书馆。"多终端全方位数字服务平台——文澜在线"数字图书馆因此荣获 2012 年第四届国家文化部创新奖。

第三节

体验时代的新媒体平台

在网络通信全社会覆盖的环境下，作为信息中心的图书馆利用网络提供多维立体的服务已成必然。杭州图书馆通过微博、微信以及第三方的 APP 新媒体平台，建设了一个丰富多彩的宣传与服务窗口。2010 年 12 月，杭州图书馆官方微博推出，让更多的人开始关注和利用图书馆，通过微博图书馆加强了与读者的互动，探索了主动服务的新渠道。微博成为杭州图书馆读者不可或缺的服务小助手。

微话题、微活动是推广宣传的有效手段。杭州图书馆官方微博选择与图书馆业务相近或相关的话题进行绑定宣传，利用热门话题推广图书馆馆藏和服务。对于某一微博主题活动，采取“#话题#”的格式，对整个活动进行系列报道，也方便读者追踪参与。在发布书评或推荐图书时，会@作者；邀请名人举办讲座或作为活动嘉宾时，在微博上发布预告、宣传、报道的同时也一并@主讲人、嘉宾或合作机构。微博发布以后，一旦获得微博大 V 的转帖或评论便及时进行回复或交流，借助名人效应提高社会“粉丝”的关注度。

微博活动“‘凹’出你的新年祝福”海报

策划多种形式的在线活动是吸引“粉丝”的常用方法。2012 年春节之际，杭州图书馆推出的“‘凹’出你的新年祝福——杭州图书馆官方微博向您征集随手拍”活动，从线上发展到线下，吸引了200多位“粉丝”的热情参与。

杭州图书馆官方微博设置“微活动”，将杭州图书馆实体馆所有的文化活动信息在网络中“扩散”，不仅开设了活动的专属页面，“粉丝”还可以直接通过活动页面晒照片、发表评论，管理员则可以通过“微活动”页面邀请指定“粉丝”参加活动。后台能支持活动参与人数统计，方便管理员实时掌握活动进度和效果，并不断发布简短有趣的评论，以延续活动曝光量。坚持“粉丝在哪里，服务就在哪里”的原则，杭州图书馆新浪微博转评量在全国公共图书馆中始终保持前列。基于新浪微博的“发现身边的图书馆”项目，名列2014年国际图联市场营销奖TOP10。

Winner, finalists and top ten projects of the 2014 IFLA International marketing award

[TOP 10] Hangzhou Library, China

Marketing Content Hangzhou Public Library service concept map the distribution of Hangzhou library and 312 service points, Hangzhou library activities and services, electronic resources, digital libraries, Hangzhou, and allow users to more easily and quickly found around the library, the library community to understand concerns and actively use it

Target users Internet, mobile libraries of potential user groups on the Internet.

Objective To spread the concept of library services in Hangzhou, tap the potential library users, especially active in the Internet, mobile Internet user groups, real-time to understand the real needs of users, user groups library polymerization, forming a virtual interactive communities, marketing Hangzhou library services, library services to deepen capabilities in order to better realize the value of libraries to enhance the user's information literacy readers and expand the social influence of the library

Target By "found around the library," The marketing programs, making the amount of the Hangzhou-based business services of public libraries, such as trips to borrow, borrow books times digital library page views, downloads and other electronic resources has increased significantly in all aspects of data . Hangzhou and Hangzhou Library Digital Library Weibo (similar to twitter) the number of users and visits would be enhanced social influence to further expand the library, so that more and more people understand the Hangzhou public library and get books Museum of help

“发现身边的图书馆”项目荣获国际图联营销奖前10名

2014年1月，杭州图书馆官方微信订阅号正式上线，开启了杭州图书馆微信社交化服务。2014年3月26日，微信订阅号完成官方认证工作（通过网站、线下活动海报、二维码链接等宣传，到2014年12月，累计用户已达10747人，居全国公共图书馆前列）。2014年6月，个人图书馆功能在微信平台端上线，标志着个人图书馆服务实现在微信手机端的应用，极大地方便了用户的书目检索、续借、预约等操作。

杭州图书馆官方微信定期发布图书馆活动、图书推荐、知识分享等信息，让用户能够在第一时间了解到图书馆的最新动态，并能够和图书馆进行及时的互动与沟通，图书馆也能及时了解用户的想法与需求。

互联网时代是合作的时代、跨界的时代，杭州图书馆在这一观念指引下，与本地多家第三方APP平台合作，如与“周末去哪儿”“网易云阅读”“意杭州”建立伙伴关系，由这些企业提供技术平台，由图书馆提供活动内容，互惠互利实现共赢。

第四节

共享推广的国家工程

杭州图书馆作为全国文化信息资源共享工程杭州市支中心，从四个方面配合省图书馆实施共享工程，即公共电子阅览室建设、数字资源建设、宣传推广和培训工作。

一、公共电子阅览室建设

截至2014年12月，杭州地区共建成427家公共电子阅览室，新建及升级的基层服务点都根据省文化厅的要求安装了联创公共电子阅览室管理软件，规范了基层服务点上网管理，并由杭州市文化广电新闻出版局社文处牵头、杭州市支中心协同完成了各个区县（市）公共电子阅览室的抽查工作。

二、数字资源建设

截至2014年，全国文化信息资源共享工程杭州市支中心采购了33个数据库，对杭州地区的所有市民免费开放。据统计数据，登录1053304次，浏览8752168次，下载975151次。支中心还与省中心共享4个数据库，即维普期刊、万方数据、天方有声数据库、国际视频数字图书馆。

同时，全国文化信息资源共享工程杭州市支中心立足杭州图书馆馆藏和本地特色，建设起地方特色资源。截至2014年12月，杭州市支中心提供给读者使用的地方特色自建数字资源库有14个，包括杭州美食、杭州历代地方志集、浙江历代地方志集、视听专区、在线图展等。

杭州市支中心参与“浙江省数字人文地图项目”的建设，完成了杭州市名人库和杭州市方志库基本建设，其中杭州市名人库容量近4GB，杭州市方志库容量近62GB。

三、宣传推广

杭州市支中心每年开展各种宣传活动，将文化信息资源共享工程与杭州数字图书馆的各类资源与服务主动推送到市民身边，主要活动包括两类。

"数图知多少"活动现场

1. 数图知多少

根据杭州数字图书馆及浙江省网络图书馆的各项内容，向市民宣传推广各种实用的数字资源。通过资料宣传、有奖竞答和现场使用指导等形式，让读者对杭州数字图书馆和浙江网络图书馆的各项功能、资源情况、使用方式等有了比较全面和具体的了解。通过阅读资料、亲身体验，读者可以感受到数字图书馆资源的丰富性和获取的便利性。

2. 国家数字图书馆推广工程

在配合国家数字图书馆推广工程过程中，杭州图书馆通过与浙江省图书馆的VPN连接和测试，通过VPN在馆内为杭城读者用户提供了国家图书馆的同等数字资源服务。从2012年起，杭州图书馆每年配合国家数字图书馆推广组织专题活动，如"网络书香过大年"和"公共文化空中大课堂"等。

四、培训工作

杭州支中心开展的培训工作主要有以下两类。

1. 数字文化讲师团基层培训

2012年起，根据《关于开展浙江省文化共享工程"数字文化讲师团"下基层活动的通知》的要求，杭州市支中心在全市进行了相应的安排，截至2014年12月，举办线下培训活动20场，服务人群约2000人。其中的"数字分享1+1"活动采用了现场互动模式，讲师事先设计好情景题，并与图书馆志愿者共同现场演示特定数据库的使用过程，让旁观者能够参与互动，直接获得实际体验。杭州图书馆还与各区县市图书馆合作，在不同社区广场内开展培训活动，以问答和动画视频为主，尽可能以声音来吸引周围读者前来听讲和互动，发现具有潜在需求的读者。

2. 专业技能继续教育

"数字分享 1 +1" 情景题互动现场

杭州市支中心每年为全市近 40 名区县级支中心的工作人员集中开展数字资源宣传与推广的专业技能继续教育。在教育形式上，改变传统教学方法，强调学员间的互动和交流。在培训过程中，先让学员依次上台对本支中心的数字资源或数字图书馆进行宣传和介绍，然后由杭州市支中心的老师对各位学员在宣传介绍过程中存在的各种问题逐一进行剖析，指出不足，提供完善建议，从而达到了显著的教育培训效果。对于"活动策划"的主题培训，除了各区县支中心的学员互相分享各自的策划组织设想或成果外，还以"大杭州各地区地方文化特色汇展"为主题，组织学员共同思考，模拟策划，培养基层工作者的组织能力和操作能力。

第五节

深化互动的 O2O 服务

O2O 模式即 Online to Offline，具体是指线上服务或购买带动线下经营和消费。O2O 可通过打折、提供信息、服务预订等方式，把线下的消息推送给线上的用户，从而将线上用户转换为自己的线下客户。杭州图书馆结合未来图书馆的转型发展，借助第三方社交平台进行线上宣传推广活动吸引用户，同时带动更多用户享受线下实体图书馆服务，如借阅纸本图书或参与实体图书馆各项活动等。2014 年，杭州图书馆推出了一系列 O2O 服务，进一步提升微信公众平台的影响力，快速凝聚用户社群，深化社交平台的互动服务。

一、线上荐购图书

杭州图书馆利用微博、微信等新媒体平台收集用户需求，由用户在微博、微信、微社区上以点单方式荐购图书，包括题名、作者、ISBN 等要求。微博、微信管理员每周收集整理信息后，交给相关部门进行采购、编目，图书进入流通后即通知荐购者优先借阅，既满足了用户的个性阅读需求，又将线上用户培养成线下读者，带动实体图书馆借阅量的提升。

二、线上线下的联动

微访谈是建立在第三方平台新浪微博上的访谈类应用软件。与传统访谈不同的是，微访谈的所有问题都来自于普通网友，由受邀访谈嘉宾直接回答。网友即便无法到图书馆现场听讲，也能与嘉宾在网上交流。微访谈作为杭州图书馆新浪微博官博的服务延伸，扩大了网友与图书馆之间的信息交互范畴，形成经验与观点的分享，并吸引更多媒体关注图书馆，促进杭州图书馆社会知名度的提升。在线上同时发布线下主题活动消息，如图书征集和推荐等，将对类似主题感兴趣的网友也逐渐吸引到实体图书馆中。

三、微信照片打印机

将照片打印服务与杭州图书馆微信公众号绑定，用户关注公众号后发送需要打印的微信照片，即可打印出相应的照片。

用户首先通过微信“扫一扫”功能扫描打印机上的二维码，页面跳转至杭州图书馆微信公众号后，点击关注。通过杭州图书馆微信公众号发送一张手机照片，根据提示对该照片进行适当裁剪，再输入打印机屏幕上的验证码，等待约 1 分钟后，手机照片就打印出来了。目前每位用户每天可免费打印 4 张。

从 2014 年 8 月运营起，该打印机目前已打印照片约 10949 张，增加关注用户近 5000 人。该服务的推出让用户在借书的同时，还将美好的记忆以实体相片的形式带回家，广受用户喜爱。

设在杭州图书馆大厅的微信照片打印机

第六节

无限可能的未来畅想

2012年，杭州市政府公布《“智慧杭州”建设总体规划（2012—2015）》，提出了“智慧杭州”建设目标，要求到2015年，数字化、网络化、智能化、工业化、城市化融合，带来城市功能、运行效率和生活品质显著提升，提高城市发展的竞争力。杭州图书馆也在数字图书馆基础上，实施了“智慧图书馆”项目：以杭州市“智慧图书馆”公共服务平台建设为抓手，将公共文化服务的新业态贯穿其中，构建智慧社区文化服务，面向智慧经济进行知识服务，构建市民终身教育的智慧学习平台，为智慧城市的建设提供信息基础。项目包括三个部分：智慧社区图书馆、高新区知识服务图书馆和智慧学习系统。

一、智慧社区图书馆

主要实现形态为智慧社区的24小时无人值守公共文化体验区，由传统阅读空间、多形

24小时无人值守的微型图书馆

态数字阅读空间、数字体验空间、科普学习空间、人文休闲空间、互动学习空间、运营展示空间等七个部分组合而成。

整个体验区采用模块方式设计，分别由电子设备、家具与绿植等组成，利用软分隔的方法，可随时调整各空间的布局，以适应各种阅读学习、休闲娱乐和活动环境。

二、高新区知识服务图书馆

杭州图书馆依托自身的资源优势，建设智慧服务云平台，通过网络与实体结合的方式，构建面向高新开发区企业的智慧吧，为企业转型提供服务支撑。

杭州图书馆除了依托自身的资源优势外，还将与大学图书馆国际合作计划项目管理中心、联合国教科文组织中国工程科技知识中心、浙江大学、数字图书馆教育部工程研究中心等单位合作，建设智慧服务云平台，提供在线学习、科技查新等服务内容，并在高新区内建设实体服务区，构建面向如阿里巴巴等智慧经济领头企业的智慧吧，为企业转型提供服务支撑，让更多高新企业服务于智慧城市的经济建设。

三、智慧学习系统

杭州图书馆与教育部认定的社会非学历教育机构合作，利用图书馆的信息服务渠道，让市民在家里登录图书馆网络就可以获得在线教育内容，获得非学历教育的资格认证，这是图书馆服务介入城市智慧教育的重要探索。

杭州圖書

资源篇

09

第九章
馆藏资源建设

印刷型文献（普通图书、期刊、报纸、盲文图书、地图、古籍等）和数字文献（外购数据库和自建数据库），涵盖了英文、日文、韩文、俄文、法文、西班牙文等多个语种的外文资源。

截至2014年，杭州图书馆文献资源总藏量为485万册（件），包括印刷型文献（普通图书、期刊、报纸、盲文图书、地图、古籍等）和数字文献（外购数据库和自建数据库），涵盖了英文、日文、韩文、俄文、法文、西班牙文等多个语种的外文资源。

第一节

历史文献

一、古籍文献

杭州图书馆收藏的古籍约有5000余种50000余册、金石碑帖拓片1000种3000余张。其中古籍善本600余种5000余册。2009年，杭州图书馆被列入第二批“全国古籍重点保护单位”，39种文献入选“国家珍贵古籍名录”，19种文献入选“浙江省第一批珍贵古籍名录”。这些文献中较著名者有元刻本《十住毗婆沙论》《新增说文韵府群玉》，罕见流传的有明建文时期宁藩刻本《汉唐秘史》，海内孤本有万历年间《圣典》《蒙城县志》，手稿本有《王文韶日记》、王同《武林风俗记》等，批注题跋本有著名学者惠栋的《京氏易传》《关氏易传》《易释文》、陈其泰的《红楼梦》程乙本，批校题跋本有蒋杲的《旧唐书》、丁晏的《书经集传》等，四库进呈本有《宋史阐幽》《辽纪》，明代套印本有《韩子迂评》《三子合刊》《陶靖节集》等十余种。

在近年来的古籍普查工作中，杭州图书馆在馆藏中新发现了清咸丰时期王金铦佚诗稿、光绪时期笪四基《三湖诗草》稿本，可为杭州藏书家史实或清代艺文史钩沉、补阙。整理出现代硕儒马一浮“智林图书馆”遗书三种，书中马氏题跋手迹弥足珍贵。

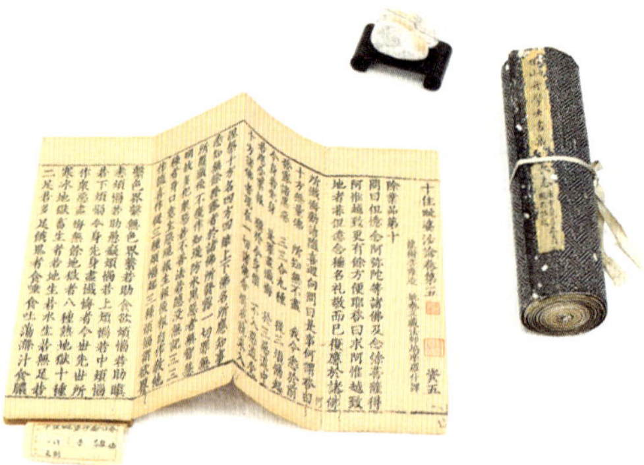

《十住毗婆沙论》

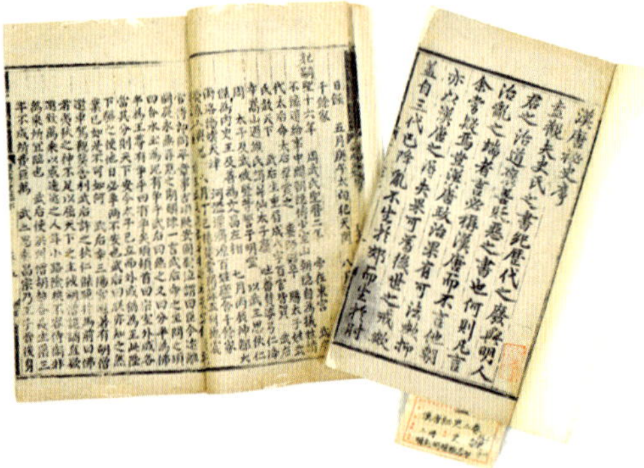

《汉唐秘史》二卷

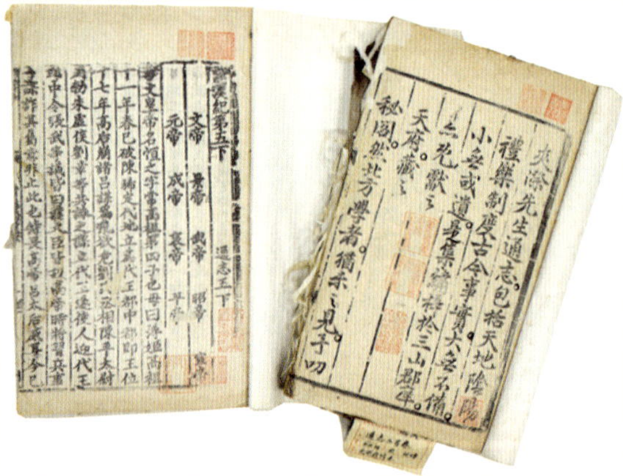

元刻明递修通志二百卷

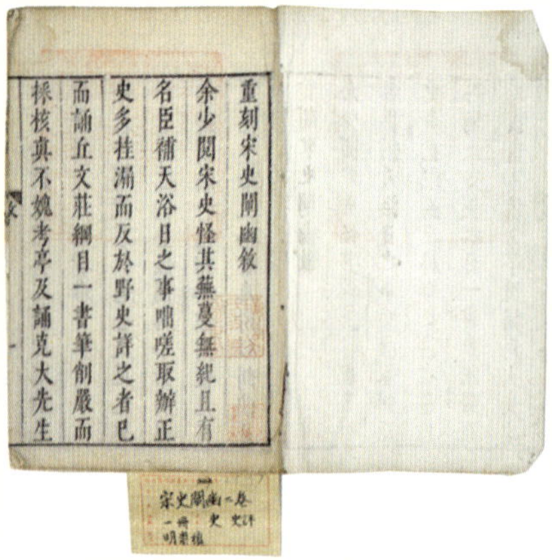

《宋史阐幽》二卷

童叔平人物画原稿

《芥子园画传》五卷

《王文韶日记》稿本

《红楼梦》程乙本

唐书二百卷

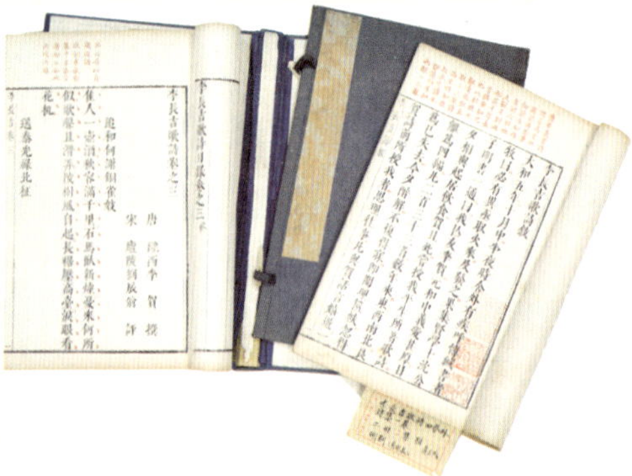

《李长吉歌诗四卷外诗集一卷》

《推背图》

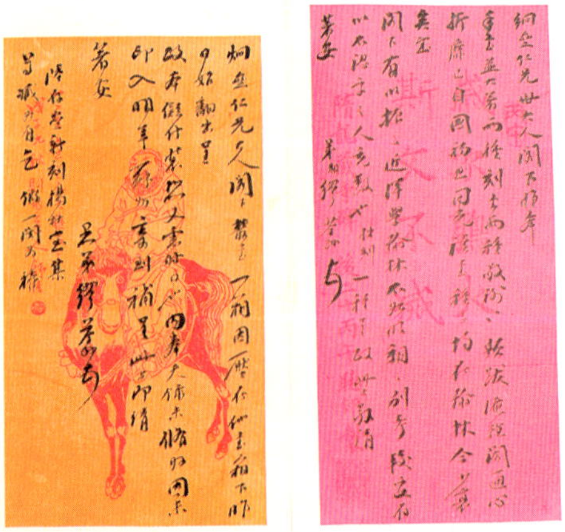

《莼风老人遗札》

明刻明拓宋仲温前出塞诗九首并手札

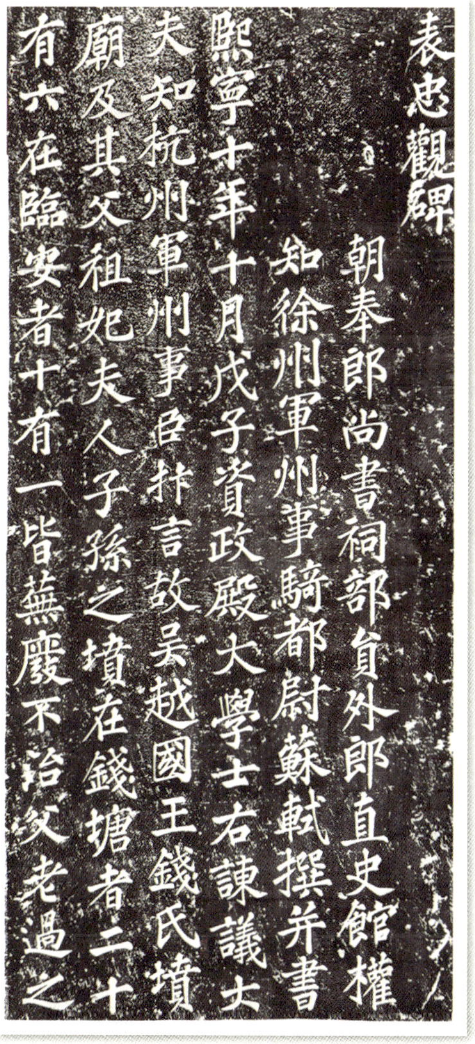

苏东坡《表忠观碑》

宋淳化阁帖十卷

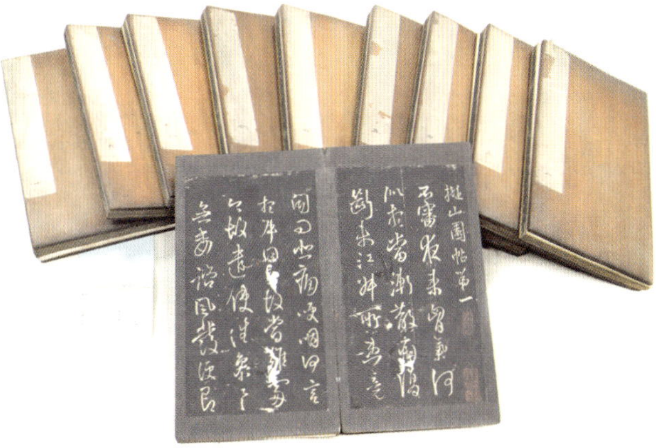

清拟山园帖十卷

二、民国文献

就文献类型而言，有民国文献线装本20000余册，平装本2000余册，期刊、报纸700余册，还有抄本、稿本等若干。大部丛书有上海中华书局出版的《四部备要》2000余册（线装），上海商务印书馆出版的《丛书集成初编》3000余册、《百衲本二十四史》800余册（线装），上海进步书局出版的《笔记小说大观》700余册（线装）等。

关于文献内容，涉及了杭州社会经济、文化教育、工农商贸等多个领域，对研究杭州地区近现代人文历史具有重要的史料价值。例如，反映民国时期社会活动的书刊有浙江书局出版的《杭州八旗驻防营志略》6册，徐映璞手稿本《杭州驻防旗营考》，1933年上海春江书店出版的《共产党宣言》，1945年苏中出版社出版的《毛泽东选集》，张摩诃主稿、张复元等编辑的《杭州惠儿院救济事业杂志》等；关于钱塘江大桥的建造史料图书和刊物有1934年钱塘江桥工程处编的《钱塘江桥筹备报告》、1936年钱塘江桥工程处编的钱塘江桥开工纪念刊、1946年浙江省钱塘江海塘工程局编的《浙江省钱塘江海塘工程局民国卅五年度工程计划书》、1948年浙江省钱塘江海塘工程局编的《浙江省钱塘江海塘工程局盐平段工程处（蓝图）》等；反映清末民初西湖景观的珍贵史料有杭州活佛照相馆编辑出版的《浙江西湖景》、莲西居士重编的《杭州西溪永兴寺题咏录》等；反映杭州重大事件和重要人物的文献有国立浙江大学学生自治会的油印本《国立浙江大学学生自治会抗议杭州保安司令部非法逮捕四同学并惨杀本会主席于子三君告同胞书》《浙大学生自治会惨案处理委员会公报》、1937年杭州中国民俗学会出版的《杭州的动乱》等。

民国时期杭州出版的期刊和报纸，从不同角度反映了杭州当时的社会态势，如1929年杭州医学公会汇编的《杭州医学公会汇刊》，1930—1935年的《杭州民国日报》合订本，1932年杭州苍山书店出版、沈从文等编辑的《小说月刊》，1935年的《浙江商报》，1947年的《中国医药研究月报》，1949年杭州浙江地方建设协会编辑的《地方建设》等。

部分民国编时尚书刊

部分民国编西湖风景图册

部分民国期刊

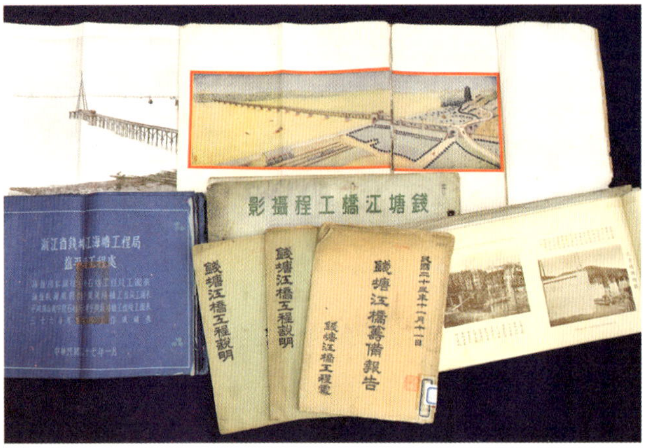

钱塘江大桥文献资料

民国时期出版的不同版本《共产党宣言》

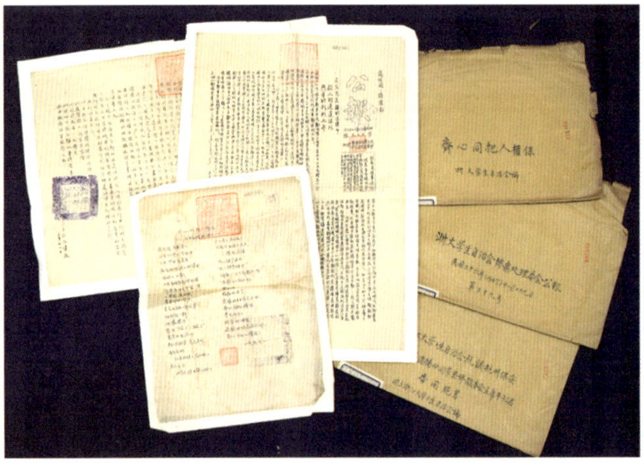

“于子三惨案”的相关文献

第二节

地方文献

杭州图书馆构建以市级文献为重点、门类齐全的区域性地方文献资源体系，50 多年来积累了大量宝贵的地方文献资源。目前馆藏地方文献总量 12000 余种 25000 余册（件），包括年鉴、方志、史料、手册、家谱、旅游读物、专题资料汇编、名录、地图、报刊和电子文献等。特色的地方文献主要有西湖文献集成、西湖古今览胜、杭州方志系列、运河文献系列、杭州文史资料、杭州旅游图册、杭州特产与风俗、杭州名人故居、杭州坊巷录、杭州老字号、杭州民间故事等。在这些文献基础上，杭州图书馆开发了民国图片、民国书、风景名胜、石刻造像、地方名产、古今坊巷、名人故居、民间故事、杭州风俗等数据库。

一些比较罕见的稀缺文献，如《江干奶牛业发展史》、《大韩民国临时政府杭州旧址纪念馆》、《杭州银行成立 15 周年珍藏特刊 · 我们风华正茂》、中文版和英文版的西湖申遗原始文本等，都是几经周折才收集到的。还有一批企业史志，如《西湖伞厂志：1958—1986》《闸口发电厂志：1929—1990》《杭州制鞋总厂厂志：1956—1987》。因为一些老工厂已经不存在，保留下来的文献尤显珍贵。

作为国际旅游名城，杭州市旅游委员会根据本地旅游市场的需求变化，不断推出各种宣传图册，种类丰富，图文并茂。为了及时搜集这些图册，杭州图书馆主动联系市旅游委员会，并发出《关于征集旅游宣传品的函》，使得这项征集成为不间断的常态工作。杭州图书馆近年新增《杭州访茶地图》《杭州西湖登山地图》《杭州美食地图》《2010 杭州生活品质体验地图》《杭州 2010 骑游地图》《杭州公共自行车指南图》《杭州市城区导厕图》等近百种。可以说，搜集工作几乎延伸到杭州的各行各业、各个街区和角落，所收集的地图类文献凸显了杭州的旅游名城特色。对于富阳、桐庐等杭州周边地区的各种旅游小册子，杭州图书馆也想方设法尽收囊中，如《富阳市购物美食乐园运动休闲之城地图》《浙西大峡谷》《萧山乡村旅游全攻略》《杭州余杭自驾旅游攻略：世博版》等。

近年来，家谱热重新在基层民间社会中兴起，杭州图书馆以此为契机积极征集新修家谱，目前征集到《孔氏砾山宗谱》《钱塘孔氏宗谱》《杭州钱塘潘氏宗谱》《钱塘袁浦袁氏宗谱》《杭州钱塘东江嘴赵氏宗谱》《萧邑桃源后倪倪氏宗谱》等。

杭州图书馆将方志、文史资料、年鉴等作为本馆长期的重点征集内容，持之以恒，使这些文献逐渐形成体系。例如，志书类有《杭州市水利志》《建德市水利志》《余杭电力工业志》《桐庐县电力工业志》《杭州市江干区地名志》《杭州市上城区志》《杭州市人民公安志》《华立志》《闻堰镇志》等。

"杭州民间故事"专题收藏的部分文献

"作家书屋"专题收藏的部分文献（1）

"作家书屋"专题收藏的部分文献（2）

部分地方企业志书

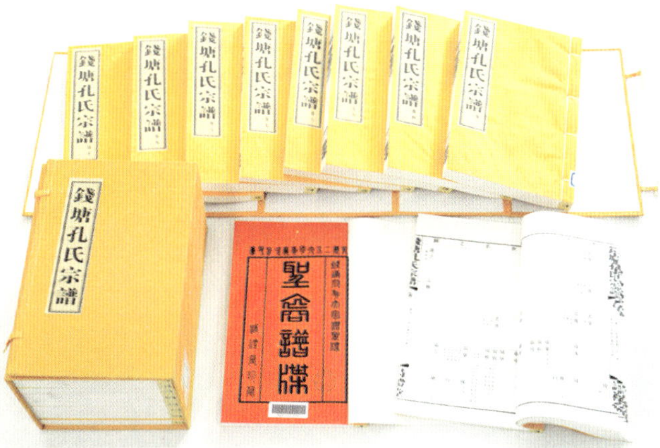

部分杭州地区家谱（1）

部分杭州地区家谱（2）

部分地方行业志书

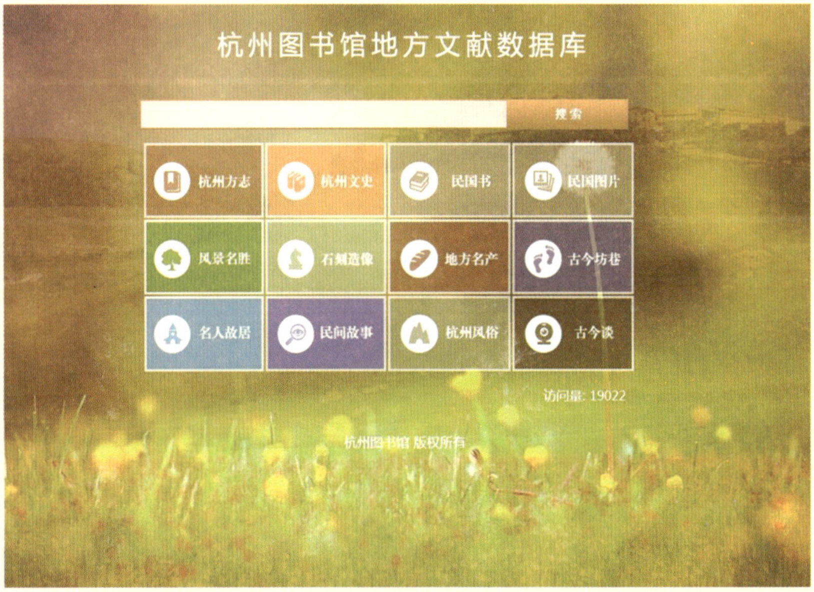

地方文献数据库

2008滨江区生活地图
HANGZHOU
TOURIST MAP
杭州楼盘全景图
杭州市图
(主城区)
杭州绕城公路行车指南
导游图

部分专藏的地图

第三节

专题文献

一、音乐类文献

杭州图书馆音乐分馆致力于音乐普及推广，通过购买、受赠、整理，积累了大量主题丰富、创新性强的各类文献资源。目前入藏总量为38659册（件），包括音乐CD、DVD、中外文音乐书籍（含电子图书）、期刊、曲谱等。

（1）纸质文献。中外文音乐图书馆藏约11000册，包含音乐类教材、音乐类考级用书，其中外文原版音乐书籍400余册，涉及音乐理论、音乐制作、舞台表演等。馆藏中外音乐类、音响类杂志和音乐学院学报等计3390册，包括《BBC音乐杂志》《留声机》《当代歌坛》《HiFi音响》等。

（2）多媒体文献。馆藏多媒体文献20000余件，主要为CD、DVD和LP（黑胶唱片）三种载体。CD文献为主体，多为国内出版的当代世界各地知名歌唱家、音乐家的作品专辑，涵盖了古典音乐、咖啡音乐、酒吧劲歌、传统戏剧等。DVD文献馆藏主要为：国内外音乐剧制品如《音乐之声》《歌剧魅影》《猫》，歌剧《唐·璜》《费加罗的婚礼》，重大音乐会实况记录如《维也纳新年音乐会》（2009—2014）、《美泉宫夏季音乐会》等。LP文献大多以受赠方式获得，内容有欧洲古典主义音乐、当代流行音乐和我国民国时期的音乐。

音乐分馆所藏部分CD

（3）数字资源。杭州图书馆为永久保存部分珍贵音频和视频，通过网络注册下载、分享和二次加工等形式，逐步建立起了音频、音乐会视频、电影、歌剧、音乐剧等数字资源的馆藏，规模达到15T。

音乐分馆所藏部分黑胶唱片

二、佛学文献

杭州图书馆收藏各类佛学图书16000余种20000余册，其中有少量日文图书。内容包括佛学基础知识介绍，重要佛学译著、校著等。从佛学入门者、佛学爱好者到佛学研究者等，均可找到各自所需的文献资源，其中有众多精品文献。

佛学分馆所藏的佛学普及性读物

杭州图书馆先后收藏了大陆和台湾出版的《大藏经》十余个版本的影印本，如现存汉译《大藏经》中最早的《赵城金藏》，还有《宋版碛砂大藏经》《明版嘉兴大藏经》《乾隆大藏经》，以及高丽王朝的《景印高丽大藏经》、日本佛学界编撰的《卍正藏经》《卍续藏经》《大正新修大藏经》等。

一些佛教重要典籍、佛教丛书有完整入藏，如《海潮音》、《海潮音文库》、《民国佛教期刊文献集成》（补编、三编）、《中国佛教典籍选刊》、《民国密宗期刊文献集成》、《新编世界佛学名著译丛》、《现代佛教学术丛刊》等20余种大型佛学丛书。

通俗类佛学图书侧重于近现代佛学著述，如弘一法师、一行禅师、星云大师等人所著的关于佛法的解说和阐释类书籍。

佛学分馆所藏《赵城金藏》是现存最早的汉文大藏经影印本

佛学分馆所藏《明版嘉兴大藏经》是我国历代刻本收录佛教典籍最多的影印本

三、美术类文献

中文美术文献珍藏主要有《近代日本版画大系》《故宫藏画大系》《故宫书画图录》《台湾当代美术大系》《世界美术全鉴》《台湾美术经典大系》《米芾书法全集》《清宫散佚国宝特集》《宋画全集》《历代书画录续编》《中国历代国宝珍赏》《大英图书馆特藏中国清代外销画精华》《石渠宝笈》《中国近现代名家画集》等精装全集。

日文原版书入藏计1751册，主要为日本三大出版社小学馆、集英社和讲谈社的艺术图书，也包括岩波书店、福武书店出版的美术全集。其中有小学馆1980年刊行的《原色日本的美术》、1981年刊行的《现代日本绘画全集》、1982年刊行的《近世风俗图谱》、1980年刊行的美术集《名宝日本的美术》，讲谈社1960年出版的《日本美术大系》全集、日本美术史《日本美术院百年史》，岩波书店1980年刊行的24卷《岩波美术馆》，福武书店1987年出版的14卷美术全集《大都市美术全集》。收藏的纹样图案艺术类日文原版图书主要有京都书院1995年出版的《日本的意匠：花纹的岁时记续》、1983年初刊的《日本的意匠》，小学馆1986年出版的18卷《日本的花纹》，光琳社出版的33卷《日本的花纹》全集等。还收藏有集英社出版的日文原版漫画书《死神》1套60册。

部分艺术类文献（1）

部分艺术类文献（2）

部分艺术类文献（3）

部分艺术类文献（4）

部分艺术类文献（5）

部分艺术类文献（6）

部分艺术类文献（7）

四、棋类文献

杭州图书馆入藏的各种棋类文献有7000余种1000万余册（件），载体包括图书、期刊和光盘，语种有中、日、韩、俄语及少量英语。中文文献内容以围棋和中国象棋为主，日、韩文文献内容以围棋为主，俄文文献内容以国际象棋为主。

棋类文献主要集藏于钱塘江畔的棋院分馆，涵盖了20世纪60年代以来国内外出版的围棋类图书，内容以专业研究论述为主。

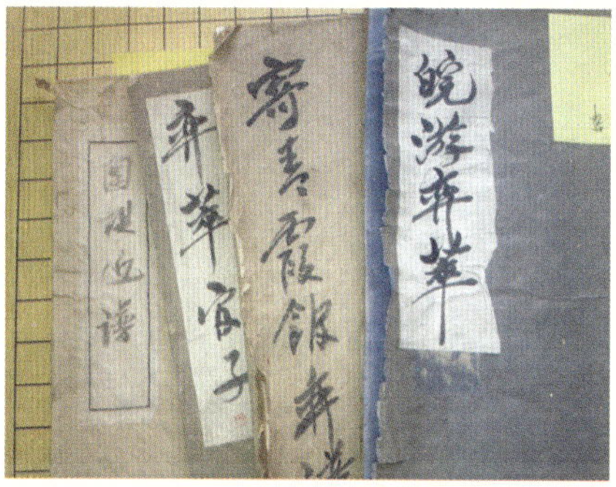

棋院分馆所藏部分围棋古籍

棋院分馆收藏了100余种珍贵的围棋古谱，其中达到国家文物级标准的有书籍53册、资料52册。例如，三级文物有明代的《仙机武库》《仙机武库序》、清乾隆二十八年（1763年）的《奕理指归图》，一般级文物有清光绪十六年（1890年）刻本《子仙百局》、清代国手徐星友的《兼山堂奕谱》等。棋谱之外的重要文献还有棋界名家撰写的各种实战解说类图书。

众多围棋图书上盖有原收藏者的藏书章或是原作者的签名本。著名围棋史学家赵之云先生收藏的部分围棋类图书、期刊具有重大研究价值，如中华人民共和国围棋事业奠基人陈毅倡议下创刊的《新民围棋》（原《围棋》月刊，2000年停刊）是赵之云先生从1960年创刊号开始收藏的，极为难得。日文版和台湾版《棋道》（原版）也收藏较全。

棋院分馆还藏有一些与围棋相关的珍贵文献和实物，如手工记录的比赛秩序册、对局记录，有围棋大师签名的棋谱、台灯、扇子等纪念品，都是围棋史研究的重要资料。

棋院分馆所藏古籍《古今名弈》

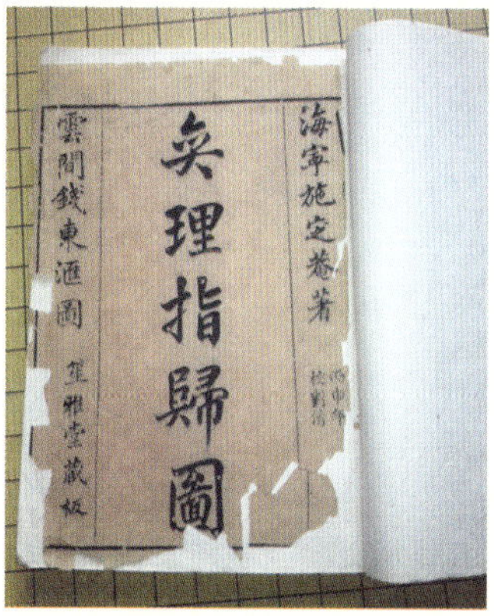

棋院分馆所藏古籍《无理指归图》

部分连环画馆藏（1）

五、连环画

杭州图书馆馆藏漫画书有 16000 多种 60000 多册。收藏的不同历史时期出版的连环画中不乏名家名作，具有较高的艺术价值。

1949—1953 年出版的连环画藏有 30 余种，其中有丰子恺绘《漫画阿 Q 正传》。

1954—1965 年是中国连环画发展史的第一个辉煌期，杭州图书馆收藏的名家名作连环画图书有申申、景启民绘《过草地》，蔡若虹绘《苦从何来》，刘尴绘《人民公敌蒋介石》等 20 余种。

1966—1976 年出版的连环画收藏了 1000 余种。这些连环画时代色彩较浓厚，如当时的八个“样板戏”连环画，《穷棒子扭转乾坤》《广阔天地炼红心》《西沙儿女》《骑白骏马的人》等。还有顾炳鑫绘《列宁在 1918》、王亦秋绘《小刀会》、关庆留绘《闪闪的红星》等。

1977—1985 年是中国连环画发展史上的第二个辉煌期，这期间再版了很多名家精品连环画。杭州图书馆拥有这个时期出版的连环画近 5000 种。例如，人民美术出版社再版的王叔晖绘《西厢记》《孔雀东南飞》《墨子救宋》，程十发绘《胆剑篇》等；天津人民美术出版社再版的胡若佛绘《蔡文姬》，王企政绘《林则徐》《孔雀胆》等；上海人民美术出版社再版的陈云华绘《地下航线》、华三川绘《永不消逝的电波》等。这时期的套书再版也是特色之一，杭州图书馆收藏有全套的《林海雪原》《铁道游击队》《战斗的青春》等。

1985 年后，连环画创作趋冷，但部分出版社还是配合社会发展出版了一些新题材连环画，杭州图书馆收藏的有《中国古代成语故事连环画》《沧浪人物故事》《北宋杨家将》等。

部分连环画馆藏（2）

六、建筑艺术类文献

杭州图书馆在20世纪末就把建筑艺术类图书作为馆藏发展的重点之一。目前，馆藏建筑艺术类（含园林设计艺术）图书达62000种80000余册，内容涵盖建筑历史、建筑艺术理论、室内外装饰设计，包含了从建筑基础结构到园林规划建设的建筑艺术各个门类，还入藏了500多种与园林和家居设计相关的建筑风水研究图书。

国内出版的建筑类文献多为知名出版社的经典著作，如大连理工大学出版的《中国最新顶尖样板房》全集、《灵感塑造空间》、《设计典藏》、《第十三届亚太室内设计大奖作品选》，深圳市艺力文化发展有限公司编著的《顶级空间艺术与设计》《办公室设计》等60余种精装设计图集，高迪国际出版（香港）有限公司编著的《世界最新公共建筑》《现代创意办公空间》《国外顶级HOUSE》等，华中科技大学出版社出版的《禅意东方》《居无止境》《样板间》《室内方案经典》全集等，天津大学出版社出版的《住宅设计指南》《最新住宅规划手册》《中国现代建筑集成》，还有《美国建筑竞赛集成》《2012中国建筑表现集成》《建筑＋表现》《建筑表现牛皮书》《100最佳楼盘与景观》等书籍。

部分建筑类文献（1）

部分建筑类文献（2）

馆藏的《第十三届亚太室内设计大奖作品选》

馆藏的《美国建筑竞赛集成》

第四节

其他文献

一、知名作家签名本

知名作家签名本是杭州图书馆的特色专藏，由杭州图书馆与浙江省作家协会合作建设。作家签名本文献以浙江省作家协会作家会员的作品为主，同时也尽量收集国内外其他知名作家的签名作品。这一专藏中的每一本书都有作家的亲笔签名，弥足珍贵。目前，作家签名本专藏已入藏文献1500余种2000余册，包括文化名家王蒙、蔡志忠、白先勇，诺贝尔文学奖得主奈保尔、莫言，茅盾文学奖得主王旭烽、阿来、麦家等著名作家的代表作。

诺贝尔奖获得者、英国著名作家维·苏·奈保尔签名本

中国台湾著名漫画家蔡志忠签名本

美国著名诗人、作家桑德拉·希斯内罗丝签名本

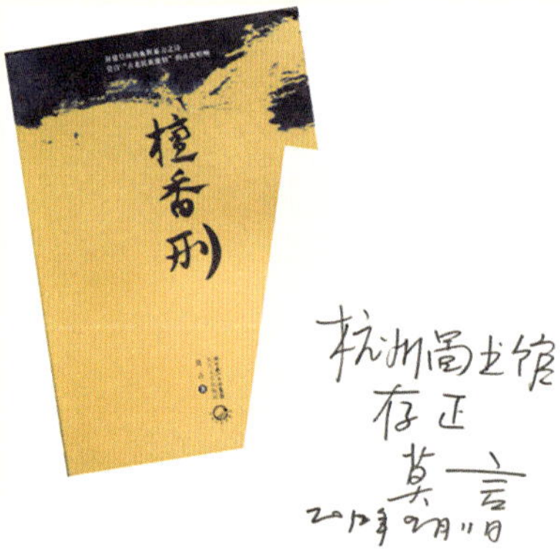

诺贝尔奖获得者、著名作家莫言签名本

著名作家王蒙签名本

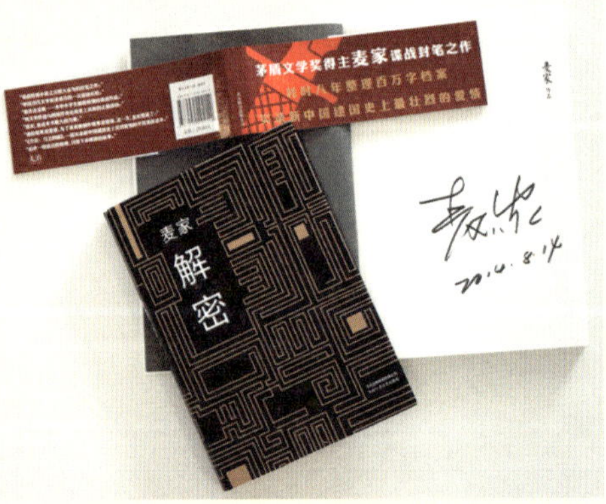

茅盾文学奖得主、著名作家麦家签名本

二、专业著作和期刊

杭州图书馆注重图书情报专业知识的研究，形成了一批对图书馆业务工作有一定指导意义和参考价值的研究成果。一是出版了一系列旨在总结本馆工作和提升本馆业务水平的学术专著，如《公共图书馆服务体系的探索与实践——杭州调研报告》《杭州图书馆服务品牌建设实践》《文化的品格：杭州图书馆“第三文化空间”创新寻踪（2009—2013）》《天堂的模样：杭州图书馆读者访谈录》《杭州图书馆ISO体系认证与实践》等。二是编辑出版图书情报学专业期刊《城市图书馆研究》，为图书情报工作者提供理论问题探究、学术思想碰撞、实践经验交流与分享的平台。三是编辑出版了一系列地方文化类出版物，如《青川为证》《钱塘江大桥1937》《天堂的模样》等。

杭州图书馆“襟江书舍”系列创作作品

反映杭州图书馆发展历程的《燃情岁月》和《文化的品格》

《宋宝罗篆刻 毛泽东诗词印谱》

三、国际交换文献

自2011年起，杭州图书馆陆续与多家国外友好图书馆以及文化机构开展图书交换项目，包括爱尔兰科克大学布尔图书馆、瑞典斯德哥尔摩市立图书馆、俄罗斯涅克拉索夫图书馆、美国印第安纳波利斯图书馆、德国不来梅图书馆、日本国际交流基金会及各国领事馆等。至2014年年底，杭州图书馆共收到700余种外文书籍、杂志等，如介绍白宫以及总统家庭故事的《白宫》、介绍美国篮球事业的《篮球》、介绍俄罗斯国情的《我的祖国俄罗斯》、介绍爱尔兰历史的《罗尔兰的传统》。

国际交流文献

俄罗斯交流文献

国际交流文献专架

部分多媒体交流文献（1）

部分多媒体交流文献（2）

部分多媒体交流文献（3）

日本交流民间工艺品和多媒体文献

四、书画作品

杭州图书馆所藏的书画作品以杭州本地著名书画家的现当代作品为主，另有少量近代作品，收藏总量有300余件，如冯玉祥、马一浮、张宗祥、苏步青、沙孟海、钱君匋、陆俨少、程十发、王伯敏、孔仲起、吴山明等近现代知名人士和书画大家的作品。

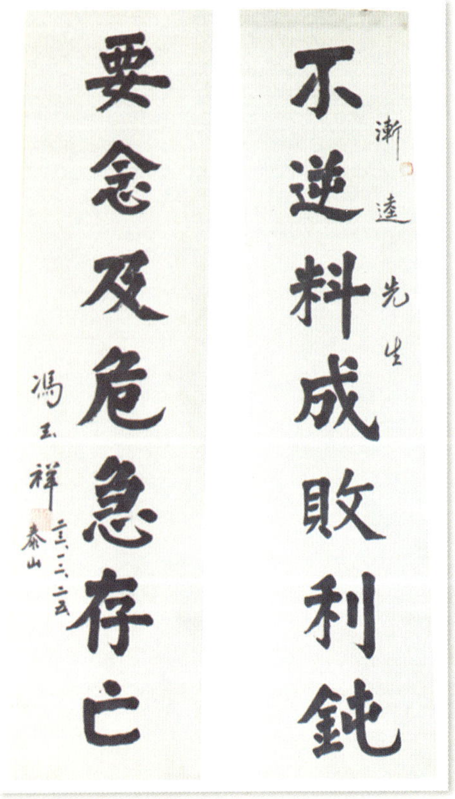

冯玉祥作楷书对联

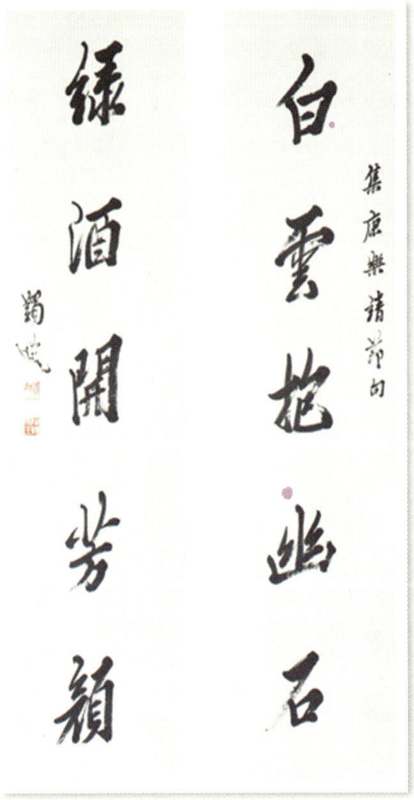

马一浮作行书对联

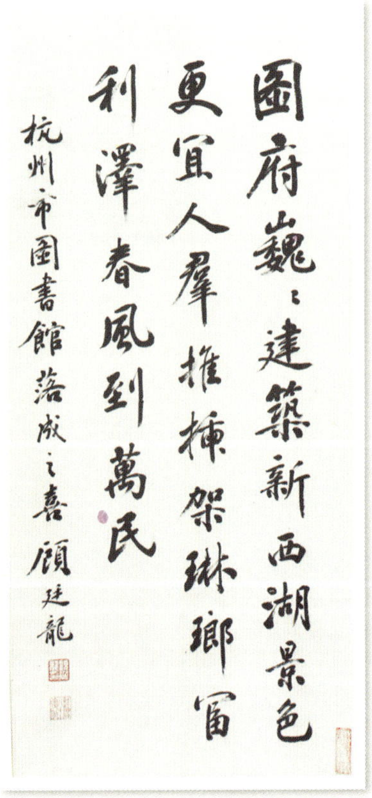

顾廷龙作行书立轴

余绍宋作《墨竹图》立轴

周沧米作《梅花图》立轴

后 记

21 世纪中国公共图书馆事业呈现出蓬勃发展、整体推进的良好发展局面，其中城市公共图书馆又最具代表性。杭州图书馆作为城市公共图书馆，在党和政府的高度重视和社会各界的大力支持下，努力开拓、不断创新，走进了中国城市公共图书馆发展前列阵营。此次天津大学出版社计划出版“21 世纪中国城市图书馆丛书”，旨在将中国图书馆事业的真实面貌向全世界展示，将中华民族优秀文化向全世界传播，杭州图书馆有幸入选其中。为了全面真实地展现杭州图书馆工作风貌与取得的成绩，杭州图书馆成立了写作团队，精心设计全书的框架与结构，组织、编排章节内容，期间又进行了数次的研讨、修改与补充，力求完整详尽，最终完成书稿。

本书对杭州图书馆的发展历程、工作实践成果及馆藏资源特色进行了系统梳理与总结，形成了历史篇、践行篇、资源篇三篇，分别就杭州城市文化纵览、杭州图书馆的发展历程、服务体系的构建、专业及主题图书馆建设、多元文化空间的营建、资源开发与服务、国际交流的拓展、数字服务的探索、馆藏资源建设等九个方面进行详细介绍与说明，充分展示了杭州图书馆的工作风貌及卓越成就。

在本书的写作中，所有编撰者及相关人员都付出了辛勤劳动与努力。感谢杭州图书馆写作团队成员屠淑敏、王恺华、朱可、夏强、朱峻薇、刘丽东、刘莹、方瑛、吴一舟、陶琳、陈琦、冯亚惠、仇家京、杨苗发、阮立、黄林英、方竹君、吴宇琳、严劲卉。

特别感谢王宗义老师，是他对本书文稿不厌其烦地进行了数次细致入微的审改。王老师严谨的学术作风深受同行的敬佩。

限于水平和时间，本书一定还存在不足之处有待完善，望图书馆界专家、同人和广大读者能及时提出批评和建议。

褚树青

2015. 3. 12

History

州圖書館

01

Chapter 1

The City Culture Overview of Hangzhou

Section 1

City Evolution of Hangzhou

Hangzhou, known for its beautiful scenery in the world, is one of China's seven ancient capitals and the first batch of historical and cultural cities that the State Council released. It is the country's most prestigious city, and one of the world-famous scenic cities. The beauty of Hangzhou is not only due to lakes and mountains of the West Lake, but also due to the rich historical and cultural heritages. With the development process of China, history has left a clear footprint here, and it has formed a unique historical and cultural landscape, which has a remarkable position in Chinese politics, economy, literature, art, science, technology and other fields.

The excavation of Kuahuqiao Neolithic Sites in Xiaoshan proves humans thrived here 8, 000 years ago. And Yuhang Liangzhu culture dating back 5, 000 years is known as "the dawn of civilization". After uniting six countries, the first emperor of Qin carried out the system of prefectures and counties. He set up two counties of Qiantang and Yuhang (which are today's Hangzhou) belonging to Kuaiji prefecture. Since then, Hangzhou has begun its history of the city, 2, 200 years till now.

In the Han Dynasty, the economy of Three Wu area (Wujun, Kuaiji, Wuxing) had developed. Especially after the chaos of Wang Mang, a large number of northern residents migrated south, bringing advanced technology and experience from the Central Plains, which helped a lot with the rapid development of economy and culture in the south. From Wu of the Three Kingdoms to more than 300 years later, the economy of Three Wu area had built a saying "a mere Wuyue could reign nine tenths of the world". During that time, Qiantang County completed remarkable cultural construction and countless resplendence in social and economic development. *The History of the Southern Dynasties* (*according to Nan Shi*) recorded that in the Eastern Jin and the Southern Dynasties, Qiantang County's talents emerged in large numbers, which was described as "thousands of rocks compete for the most beautiful one, millions of ravines fight for the way out" and "there are five unique skills in the world, but all from Qiantang". With the rapid development of the economy in the South of the Yangtze River, Hangzhou also flourished. By the end of the Southern and Northern Dynasties, Hangzhou had become a prefecture instead of a county.

The real prosperity of Hangzhou began in the Sui and Tang Dynasties. Emperor Wen of Sui Dynasty set up Hangzhou, and then "Hangzhou" became a proprietary name, establishing itself as a state and prefecture administrative region. With the southern canal navigating through, Hangzhou was located between rivers and oceans of water, in the middle of Liangzhe of land, laying the foundation for the formation of the metropolis. Development of economy, expansion of the city, and prosperity of commerce boosted the proliferation of the population. In the Qin and Han Dynasties, the population of Hangzhou was still less than 100, 000 and most of them lived by farming. In the Tang Dynasty, the population of Hangzhou reached nearly 600, 000, of which urban residents were no less than 100, 000. Hangzhou had gradually become an important political, economic and cultural center of southeast coast, and was one of the country's leading cities.

To the Five Dynasties and Ten Kingdoms, Qianliu became the king of Wuyue country, and set Hangzhou as the capital. From then on, it began a systematic planning of urban construction. Qian's family had ruled Hangzhou for 85 years, while Wuyue had been existed for 72 years. During these years, Qian's family always implemented the purpose "keeping the border and the people safe", and therefore less war happened and the society was stable. Wuyue had superior natural conditions, and the rulers rewarded industrial and agricultural production, which stabilized the socio-economic development, so this area became advanced areas, whose economy and culture came to prosperity in the Five Dynasties and Ten Kingdoms. It was known as "Qiantang is famous for its richness in the southeast." Especially the control of Qiantang River greatly facilitated contacts between Wuyue and coastal areas. Even some neighbour countries also established trade links with Wuyue through the Qiantang River, which made this city become famous overseas.

Wuyue which took Hangzhou as the capital came to an end in 978. Although short-lived, it had made Hangzhou among the ranks of important cities and one of the seven ancient capitals of China. From the Five Dynasties to the Northern Song Dynasty, Jinling, the capital of the Southern Tang had a completely different experience compared with Qiantang, the capital of Wuyue. Ouyang Xiu from the Northern Song Dynasty had a very pertinent claim to this assertion in his *Records of Youmeitang* (*Youmeitang Ji*). From the late Tang Dynasty to the Five Dynasties, China was always bothered into war. From the late Tang Dynasty, the first-class metropolis like Chang'an, Luoyang, Yangzhou, all suffered from war looting. Due to Qian's family's striving for maintaining Liangzhe region, Hangzhou had been safe for 90 years, becoming the only peaceful place in the whole country. Hangzhou was able to become a paradise.

After Qianchu, the king of Wuyue, devoted lands to Song's government, Hangzhou was downgraded from the capital of Wuyue to a local government of the Northern Song. Population and commercial taxes of Hangzhou surpassed those of Suzhou greatly and Hangzhou became the economic center of southeast area.

In 1129, Hangzhou was renamed Lin'an. In 1138, Lin'an was set as the capital, called "Xingzai Suo". Hangzhou had become the center of politics, economy, education and culture from "first state of southeast" in Wuyue. The urban development of Hangzhou had reached the most prosperous and glorious period.

In the middle of the Northern Song Dynasty, the population of Hangzhou was "the largest in Liangzhe region". After Jingkang Calamity, "Emperor Gaozong ferried south, and people who followed him were as much as those returned from the market", "People from everywhere gathered in Liangzhe, hundred times than usual", "His Majesty came to Lin'an for the first time, and people from the ancient capital and other places all followed here". With the growth of urban population, there had been significant structural features among Hangzhou residents. One quarter of the people were public officials, the most in the country. One third of the people were in business, far more than those of Chang'an in the Tang Dynasty and Bianjing in the Northern Song Dynasty. Nearly one tenth of the people engaged in culture, education, art and other social activities, several times or even ten times more than other prefectures or states in the country. This particular demographic feature certificated Lin'an's status as a national political, economic and cultural center.

From the beginning of the Yuan Dynasty, Hangzhou was downgraded from the capital of the country to a capital of a province. But because of the strong foundation laid here in the Southern Song Dynasty, with favorable natural conditions and cultural environment, Hangzhou was always an important city in southeast China.

In the 90 years after the Yuan Dynasty replaced the Song Dynasty, frequent natural disasters happened in Hangzhou, and urban development entered a low period.

Nevertheless, when the Italian traveler Marco Polo came to this city at the end of the 13th century, the large city size and the beautiful environment of Hangzhou still made him very surprised, and he praised Hangzhou as " the God City " and " the most beautiful and luxurious city in the world". In the Ming and Qing Dynasties, the construction of Hangzhou city especially business gradually restored and developed. Hangzhou had become one of the 33 large commercial and handicraft cities.

From the mid-19th century, China had suffered long-term hardship and internal and external difficulties. The social production and development had been destroyed. Urban construction of Hangzhou entered into a slow even stagnant development stage.

Section 2

Book Industry Culture of Hangzhou

In the process of urban development for more than 2, 000 years, Hangzhou has gradually formed a unique metropolis appearance. As a carrier of city civilization, the book industry culture in Hangzhou has developed its own unique element, writing a significant chapter in the history of Chinese book industry.

Book industry is made up of three parts—collecting books, engraving books and selling books, and each of the three parts is a separated business and also helps each other. The prosperity and evolution of the book industry not only reflects, but also promotes the cohesion of cultural heritage of China. Book-selling business in Hangzhou can be dated back to the Eastern Han Dynasty, while book-collecting business with a record started from the Wei and Jin Dynasties, and book-engraving business rose from the middle of the-Tang Dynasty.

1. Wuyue and the Northern Song Dynasty: Worldly Famous for Block Printing

Among the factors promoting book industry culture, one is the invention of papermaking, and the other is the emergence of block printing. With clear records in history books, Chinese invention of block printing first appeared in the middle of the Tang Dynasty. Also at that time, Hangzhou book stores arose and engraving craftsmen emerged in a large number, which set a reputation for Hangzhou for its printing industry in the country. For example, China's first engraved books were engraved and printed in Hangzhou.

Block printing in Hangzhou began to flourish in Wuyue of the Five Dynasties. The widely spread of printing created possibilities for books to be printed in bulk, which created the material conditions for book collection. The rulers of Wuyue valued culture and teaching, and intended to enlist scholars in the country. Prosperity of culture created a social atmosphere for the development of book collection activities. Private collection in Hangzhou mainly concentrated on the family of king of Wuyue, Qian's family. Qian's family collection flourished at that time.

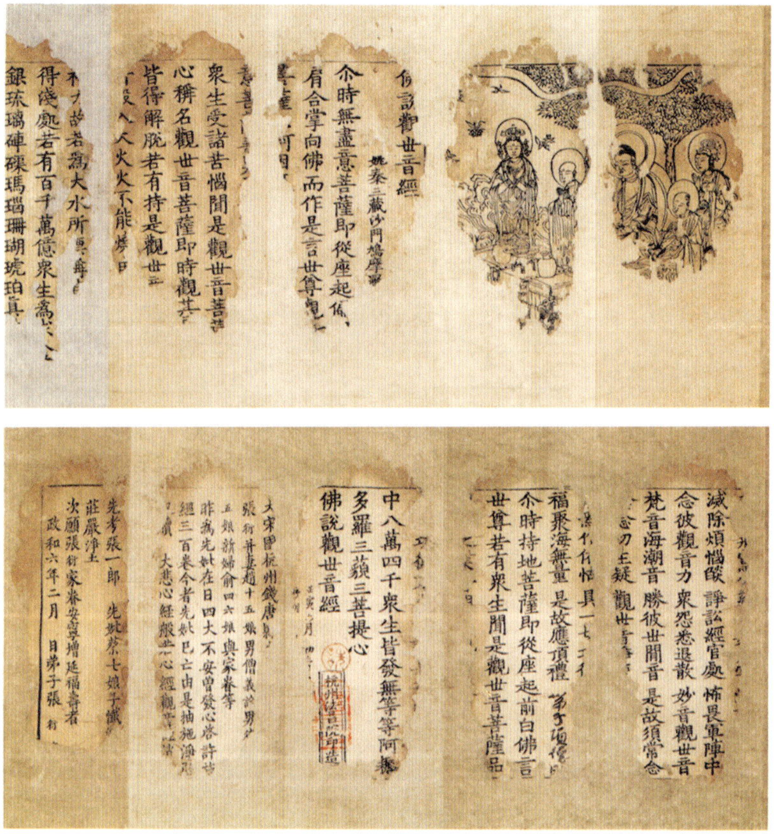

Buddhist temple book collection in Hangzhou also began from Wuyue. The Kings of Qian upheld Buddhist. They built temples and pagodas, and cut many grotto statues and engraved Buddhist scriptures. As the capital, Hangzhou had a reputation of "Buddhist country of southeast". In 1930s, when Leifeng pagoda collapsed, the Dharani Scripture was found in the center of tower blocks, which was engraved in 975. This scripture was printed in a large number with high quality paper and clear edition, reflecting the fashion of Buddhism and also confirming the superb printing technology in Wuyue area. The most famous Buddhist monk in Wuyue named Yanshou won the trust of King Qian Chu.

According to Mr. Zhang Xiumin's research, "Qian Hongchu (that is Qian Chu) and Yanshou had printed Buddhist images and mantras for 682, 000 volumes. The number is so huge that it can be said to be unprecedented in the history of Chinese printing and also rare in the days later."

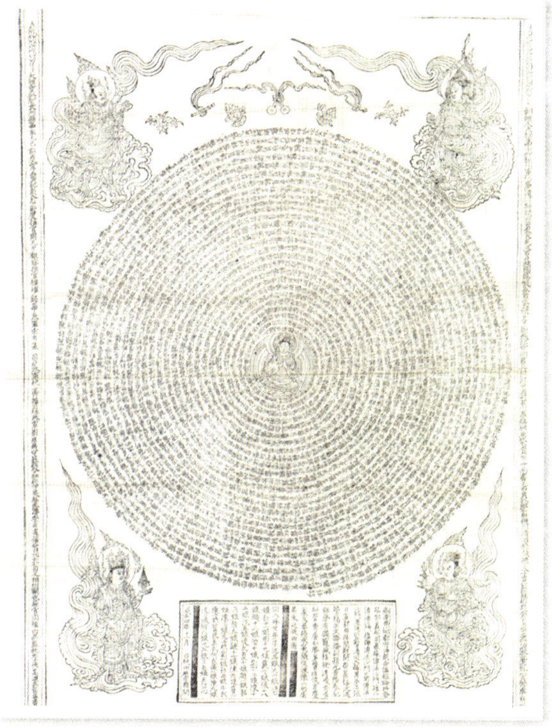

During the reign of Qian Chu, block printing in Hangzhou had reached a high level— "Title page lines were clear and beautiful, paper was white, and ink was excellent. The book could stay as new for 1, 000 years." It set the reputation for Hangzhou in the book printing industry, and had great influence on the development of ancient book engraving industry. In the Northern Song Dynasty, in addition to the capital Bianjing, Hangzhou in Zhejiang, Jianyang in Fujian and Meishan in Sichuan were known as the three largest printing centers of the country. In the history of ancient book collection, the Song Dynasty's edition was the best. The majority of medical books in the Song Dynasty were engraved in Hangzhou. In the Northern Song Dynasty, there was a businessman named Xu Jian from Fujian. He engraved and printed some books privately in Hangzhou and transported them to neighbour countries for selling. He profited a lot. Later he was discovered by the magistrate of Hangzhou, Su Dongpo, and was forbidden by the court.

2. The Southern Song Dynasty: Hangzhou Printed Best in the Country

After the government of the Northern Song Dynasty moved south, Hangzhou became the political, economic and cultural center of the country. The south-moving of national cultural center made talents gather in Hangzhou, and also triggered the demand for books among the city residents. Matching with the development of civilization, book industry culture reached a unprecedented height. Traditional Chinese book collection activities can be divided into government, private, academy and Buddhist temple book collections. In the Southern Song Dynasty, various book collection activities were showed completely in Hangzhou. Among them, the government book collection was particularly spectacular. After the Jingkang Calamity in the late Northern Song Dynasty, all book collections in Bianliang were destroyed in the war. Book collections of the Southern Song Dynasty were solicited and bought after Hangzhou was designated as the capital.

At that time, the printing industry in Hangzhou could be divided into government-run and privately-owned. Government-run engravings were divided into the court edition and the Lin'an edition according to their supervisors. Books printed under the supervision of the court were called "Jianben". Besides the engravings that the Imperial Court granted to its officials, Jianben was also commercially available. Private engraving was also very advanced, and especially after Xining, the printing ban by the court was gradually relaxed. Engravings at home and workshops were very popular. Rare books of the Song Dynasty that got by bibliophiles in modern times are mostly unlimited to government-run engraving, and there are many block printing books from private printing workshops. Private printing workshops work to get profits, so they not only pursued the perfect engraving, but also large quantities and quick speed.

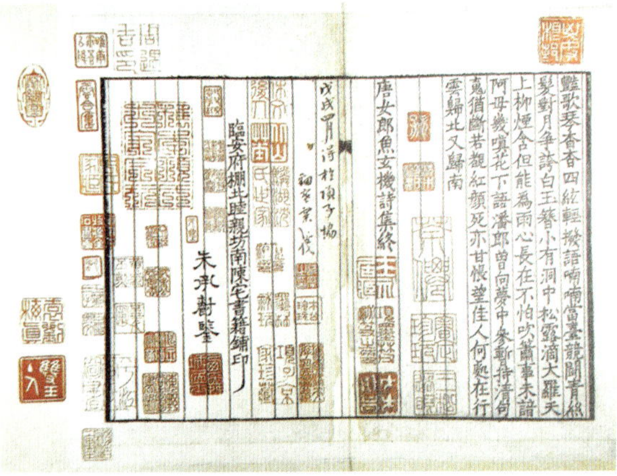
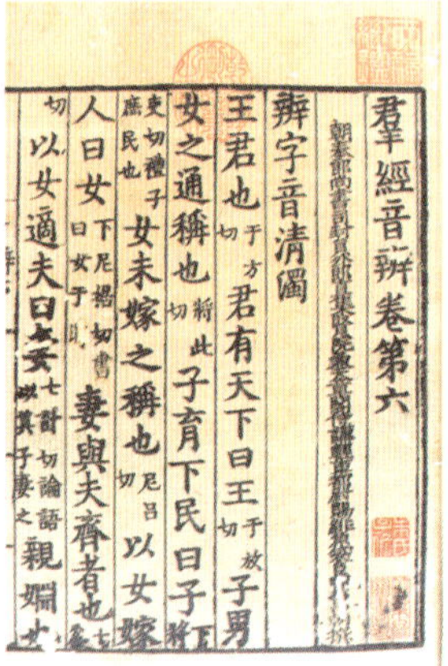
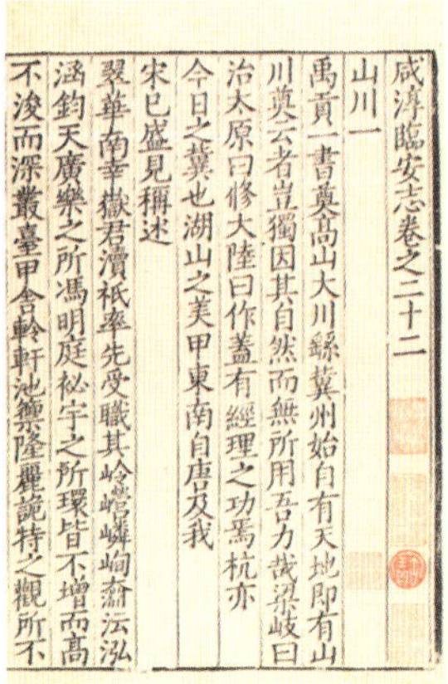

In the Southern Song Dynasty, book engraving in Hangzhou was not only in huge scale, but also pursued quality.

3. The Yuan, Ming and Qing Dynasties: Rigorous Engraving and Collation, Large Number of Book Collection

During Yuan, Ming and Qing Dynasties, Hangzhou had suffered ups and downs, but the book industry culture was still developed. Especially in Qing Dynasty, it reached a peak, and the book collectors emerged a lot. They had made an indelible contribution to preserving and promoting the cultural heritage of the country.

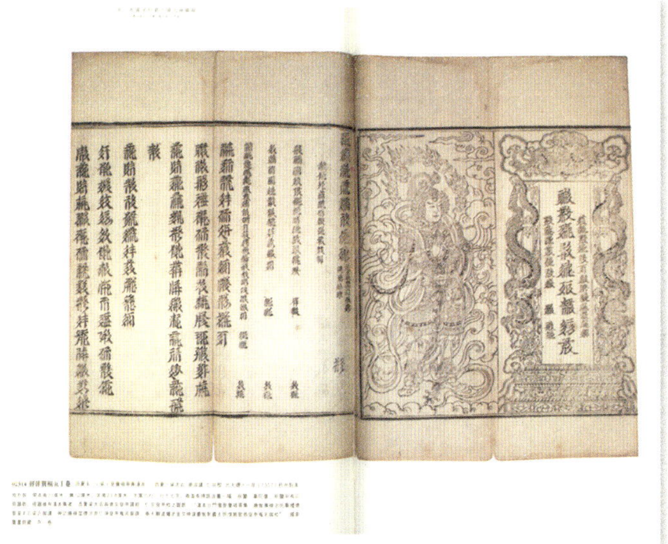

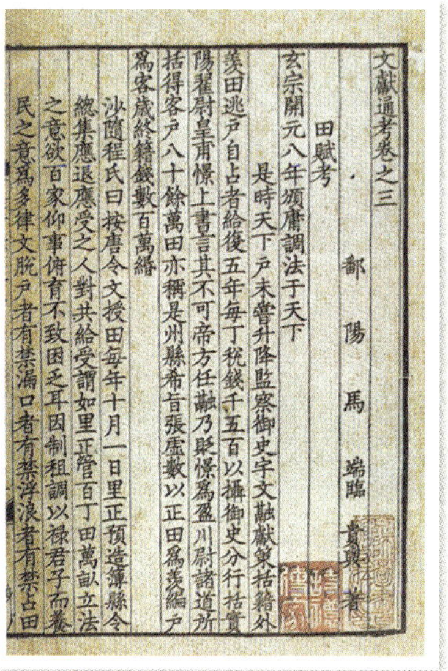

文獻通考卷之三
鄱陽馬端臨貴與著
田賦考
玄宗開元八年頒庸調法于天下
是時天下戶未嘗升降監察御史宇文融獻策括籍外
羨田逃戶自占者給復五年每丁稅錢千五百以攝御史分行括實
陽翟尉皇甫憬上書言其不可帝方任融乃貶憬為盈川尉諸道所
括得客戶八十餘萬田亦稱是州縣希旨張虛數以正田為羨編戶
為客歲終籍錢數百萬緡
沙隨程氏曰按唐令文授田每年十月一日里正預造簿縣令
總集應退應受之人對共給受謂如里正管百丁田萬畝立法
之意欲百家仰事俯育不致困乏耳因制租調以祿君子而養
民之意為多律文脫戶者有禁漏口者有禁浮浪者有禁占田

The capital of the Yuan Dynasty was set in Beijing, so the national economic, political, and cultural center also moved north, which had an impact on book engraving and printing activities. But Hangzhou engravings still had the trust and support of the central government for its long history and fine printing quality. Speaking of official engravings, the three large historical books revised by the court in the Yuan Dynasty—160 volumes of *The History of Liao*, 135 volumes of *The History of Jin* and 496 volumes of *The History of Song*—were framed by Ruxue in Hangzhoulu.

Academy engraving in Hangzhou in the Yuan Dynasty was a "rising star". Shanzhang, who presided over the academy, were mostly learned scholars. They supervised engraving activities carefully, which made most of academy editions better than those of the Song Dynasty. Among them, the engravings of the West Lake Academy were the best. In terms of engravings of Buddhist temple scriptures, during the years of Dade reign, *Hexizi Tripitaka* published by Wanshou Temple in Hangzhou showed high printing technology of Hangzhou. Hangzhou could engrave and print not only Chinese books, but also a number of books in minority languages.

Bibliophiles in Hangzhou were leaders of Zhejiang. Famous bibliophiles in Zhejiang at that time were no fewer than ten, and as much as five or six were in Hangzhou. According to *The History of the Ming Dynasty*, there was a poet Yang Weizhen (1296—1370) from the Yuan Dynasty. When he was young, his father built a room for him in Tieya Mountain, and collected thousands of books in the room. His father ordered him to read these books and he read for five years. It reflected how rich Yang's book collection was.

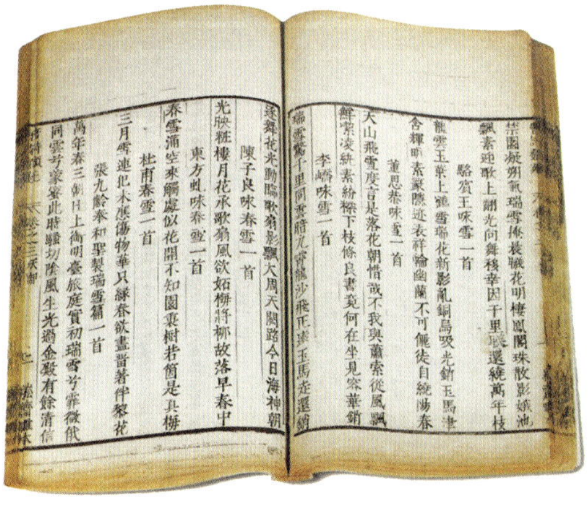

Zhu Yuanzhang, the founding emperor of the Ming Dynasty, set capital in Nanjing, and moved more than 200,000 pieces of imperial book editions of the Southern Song Dynasty from the West Lake Academy in Hangzhou to Nanjing Imperial Academy. As for the book collection, compared to other collectors at the same time in Zhejiang, such as Fan Qin from Tianyi Pavilion in Ningbo, Xiang from Tianlai Pavilion in Jiaxing, Mao Kun from Baihua Building in Wuxing, there were a lot of book collectors in Hangzhou, but they were less famous, mostly recorded in *Wulin Cangshulu* by Ding Shen in the Qing Dynasty. For example, opera expert Gao Lian built a book collection building beside the Rainbow Bridge of the Su Causeway.

The printing industry of Hangzhou in the Qing Dynasty was less developed than that in the Song Dynasty, but still occupied an important place in the history of printing. Book engraving industry in Hangzhou in the Qing Dynasty followed the old tradition, and could be divided into government engraving, store engraving and private engraving. At the beginning and in the middle of the Qing Dynasty, the government engraving was not a prosperous industry of Hangzhou. In the late Qing Dynasty, Zeng Guofan, a government official, appealed to intellectuals for maintaining traditional culture. Then official presses were set up everywhere in the country, and the official press of Zhejiang Province was located in Hangzhou. Engraving books were ordinary books, which were cheap and easy to get, but the quality varied greatly. In the reign of Xianfeng and Tongzhi, Zhejiang official press forwarded the responsibility of collating to Tan Xian, Huang Yizhou and others. During this period, a batch of engraving books with dressy edition and sophisticated collation appeared. Bookstores in Hangzhou were not very developed during this period. In the early Qing Dynasty, Min-edition books had died out for a long time, but Baixia (Nanjing), Wumen (Suzhou) and Xiling (Hangzhou) books were on sell. Among them, there were differences in quality: Wumen was the first, Xiling was the second, and Baixia was the third." From the reign of Daoguang until the end of the Qing Dynasty, bookstore engraving gradually concentrated to Nanjing, Beijing, Suzhou and Yangzhou, but depressed in Hangzhou. On the contrary, college book engraving in Hangzhou made great achievements, as Gujing Jingshe founded by Ruan Yuan published eight sets of *Collected*

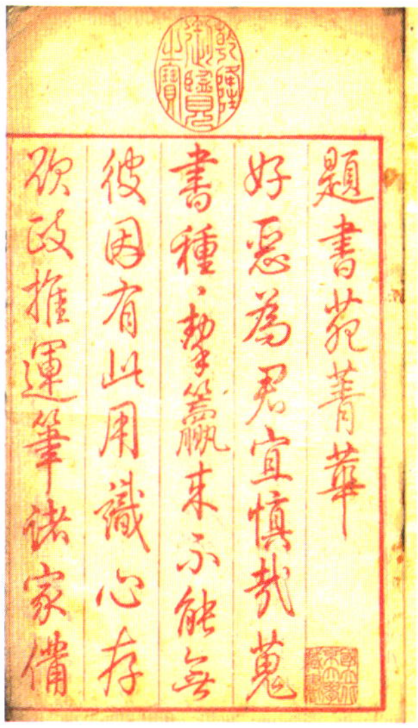
題書苑菁華
好惡為君宜慎哉蒐
書種·[illegible]末不能無
彼因有此用識心存
欲改推運筆法家備

Works of Gujing Jingshe (*Gujing Jingshe Wenji*) and Ziyang College engraved and printed two volumes of *Tieqiao Zhishu*, three volumes of *Book Collection of Wenxi Tang*, and two volumes of *Landscape of Wuyuan*. These were rare editions of engraving books in the Qing Dynasty, with very high academic value.

The scholars in Liangzhe area had the cultural tradition of taking book collection boom as their lifelong career. Despite the repeated catastrophe, the spirit had always been kept. Private book collection activities in Hangzhou in the Qing Dynasty exceeded every dynasty before and reached the peak. Famous book collectors in Hangzhou were more than 10 at that time. They were famous not only for the huge number of books, but also for their dedication in ancient literature protection activities. Private book collection boom in Hangzhou also led to prosperity of local private book engraving. During this period, there were a large number of private engraving books with excellent paper and ink, dressy edition, sophisticated collation and elegant publication. They were later named "delicately engraved books".

4. Wenlan Pavilion: The Witness of the City's Culture Soft Power

In ancient China, books were the most important material basis for culture to be passed on. The boom of book culture could reflect the city's prosperity. In the Southern Song Dynasty, The culture of Hangzhou reached a high level. Block printing technology was fully mature, and government, college, Buddhist temple and private book collections developed dramatically. The book culture of Hangzhou formed an effective cultural mechanism for literature preservation and academic dissemination. This mechanism of book culture affected multiple fields of social culture activities. ①Both book collection and content collation were important, and book engraving and printing and market sales interacted, forming a benign cycle of book industry market pattern for cultural heritage and economic activities. ② Engraving layout and font style of books gradually finalized in this period, and formed a basic specification for publishing. ③ Book engraving and printing became a market activity, which let books meet the public and provide the resource base for "Cultivation-reading culture". ④ The emergence of numerous private collectors had a decisive effect on the inheritance of Chinese traditional culture.

In 1773, the Emperor Qianlong ordered the compilation of *Siku Quanshu* and it was finished in 1782. *Siku Quanshu* has the most enormous volumes of a series in the world by far. As originally scheduled, four copies of *Siku Quanshu* were transcribed, which were respectively collected in Wenyuan Pavilion in the Forbidden City, in Wenyuan Pavilion in the Old Summer Palace, in Wenshuo Pavilion in the former capital of the Qing Dynasty, Shenyang, and in Wenjin Pavilion in the Chengde Mountain Resort. In July 1782, after the first copy was finished, Emperor Qianlong said "as Zhejiang was full of scholars", certainly a lot of people would like to read this book. Then he ordered another three copies to be transcribed and collected in three new buildings—Wenhui Pavilion in Yangzhou, Wenzong Pavilion in Zhenjiang and Wenlan Pavilion in Hangzhou. "Three pavilions in the south" thus came into being. One of the three pavilions, Wenlan Pavilion, was built in Hangzhou, which revealed the special status of Hangzhou as the national culture center. In 1782, local chief Chen Huizu and Sheng Zhu reconstructed Yulan Tang of the Shengyin Temple in Gu Mountain to store *Siku Quanshu*. The reconstruction funds were donated by Zhejiang salt merchants. In the end of 1783, the construction of Wenlan Pavilion completed. In the first lunar month of 1784, Emperor Qianlong came to Wenlan Pavilion. Transcription of *Siku Quanshu* collected in Wenlan Pavilion cost more than 100, 000 silver dollar. In 1790, *Siku Quanshu* was transported to Hangzhou, and stored in Wenlan Pavilion after decoration.

In the compilation of *Siku Quanshu*, people from Zhejiang contributed quite a lot. According to the statistics in 1773, there were 4, 318 books offered from Zhejiang Province. And there was another offering in the following year. Historical data showed that there were 4 private collectors offering books over 500 kinds for Siku Quanshu, and among them two collectors were from Hangzhou. Bao Shigong offered 626 kinds of books and Wang Qishu offered 524 kinds of books (another saying said it was more than 600 kinds). In addition, Pinghua Zhai of Wu Yuchi offered 305 kinds; Shousong Tang of Sun Yangzeng offered 231 kinds; and Zhenqi Tang of Wang Ruli offered more than 300 kinds. That Wenlan Pavilion could be built in Hangzhou must be related to their offerings.

In accordance with the order of Qianlong in 1794, *Siku Quanshu* in Wenlan Pavilion must be open to scholars of Zhejiang Province. Since then, groups of intellectuals came here for reading, copying and collating. Wenlan Pavilion had no restrictions for reading, and all reading demands were permitted as long as the books were not stained or damaged. In the Qing Dynasty, learning atmosphere dominated Zhejiang and talents emerged continuously. It must be closely linked to Wenlan Pavilion.

Section 3

Inception of Public Library in Hangzhou

In late Qing Dynasty, European style came to the East. Modern library for the public entered China. Hangzhou grasped the "dawn of new civilization" in time and China's first public library was born here. This scholarly city started to change the way of cultural preservation. In the last 100 hundred years, public library activity in Hangzhou had become an important force in the public cultural service system, and the library construction had become an integral part of the city construction.

In 1900, Zhu Qifeng, magistrate of Hangzhou, conforming to the historical trend and responding to Shao Zhang' and Hu Huan's request, founded the first official public book collection building in Hangzhou, which was called Hangzhou book collection building. In 1903, government officials Zhang Hengjia and Nie Jigui decided to enlarge Hangzhou book collection building which laterly named Zhejiang book collection building. In 1909, Zhejiang

governor Zeng Yun asked for the court's approval to merge Zhejiang book collection building with Zhejiang official press and expand it into Zhejiang Library, which was officially opened in 1912.

In the years of the Republic of China, activities of public library in Hangzhou and its counties developed fast. Apart from Zhejiang Library, in 1917, Zhejiang Parliament decided to build Popular Library in the public stadium, which was officially opened to the public in 1919. In March 1925, the private Zhejiang Circulating Library was born. In 1930, Hangzhou Children's Library was founded, and it had more than ten thousand books before 1936. Since 1931, No. 1 to No. 5 public education centers had been founded in Hangzhou. There were a number of books in them for the public to read and borrow.

At that time, there were public libraries all around the counties under the jurisdiction of Hangzhou. In 1917, Lin'an, Changhua and Yuqian founded their prefectural popular libraries. Later Fenshui (now in Tonglu), Chun'an, Hang County (now in Yuhang District of Hangzhou), Xiaoshan, Yuhang (now in Yuhang District of Hangzhou), Tonglu, Fuyang, Xindeng (now in Fuyang City) and other counties founded their prefectural libraries. Jiande (now in Hangzhou), built a public education center. Meanwhile, the districts such as Tangqi, Linping, Xiangfuqiao, Dingqiao, Qixianqiao and Qiaosi also established grassroots public libraries. In the late 1930s, the war of aggression against China launched by Japanese damaged public libraries, with serious loss of book collections.

02

Chapter 2

The Development of Hangzhou Public Library

Section 1

Sweetness and Bitterness at the Initial Stage

1. From Scratch: A Product of New Era

The People's Republic of China was founded in 1949, and the vicissitude of the times provided a development opportunity for activities of Hangzhou Public Library. In 1958, the national people's enthusiasm of socialist economic and cultural construction boomed. Hangzhou Xinhua Bookstore also set up a number of subordinate units, including publishing houses, book-rental companies and libraries.

In the absence of premises, books and funds, how to set up a library? Several employees who were responsible for library construction decided to use the second floor of Xinhua Bookstore, a conference room about $80m^2$, as a lending and reading room. And they rebuilt the hall outside the conference room into a reading room. A library of very simple design, Hangzhou Public Library, developed here.

Early books of Hangzhou Public Library were collected by the library staff throughout everywhere. There was a book room in Municipal Bureau of Culture, but it was unattended. Hangzhou Public Library got its first batch of more than 3, 000 volumes of books from there. But these books were excessively worn, and only less than half of them could be circulated. The second batch of books was donated by Zhejiang Library. After receiving requests from Hangzhou Public Library, Zhejiang Library provided almost 5, 000 books, and kindly provided the property registration books, directory cards, book-edition cards and other necessities of library activities.

At the beginning, the base of book collection in Hangzhou Public Library was very weak, and especially the literary books which were the most popular with readers were few. An employee was usually a bookstore clerk, and he understood the needs of readers. So he went to Xinhua Bookstore and purchased a number of popular fiction books for the library. At the same time, Xinhua Bookstore subscribed more than 20 kinds of newspapers and magazines. Basic requirements for library services were generally satisfied. On July 1, 1958, Hangzhou Public Library founding conference was held in the auditorium of Provincial Girls' School, and the municipal library that attached to Xinhua Bookstore began to take the first step in social services.

2. First Own Building: No. 6, Jianren Block

At the beginning, Hangzhou Public Library opened shelves to serve the readers. Despite the primitive conditions, there was steady stream of readers coming to the library every day. The lending and reading room was always crowded, and the readers often stood in long line for the application of cards. Fortunately, the warehouse in No. 6, Jianren Block owned by Zhejiang Xinhua Bookstore was allocated to Hangzhou Xinhua Bookstore. So the library moved there. In the spring of 1959, Hangzhou Public Library just had four staff members. Upstairs of the library was used as staff quarter, while downstairs was open to readers.

No. 6 of Jianren Block was located behind Xinhua Bookstore which is now on the Jiefang Road. The building had a typical structure of the late Qing Dynasty South China style courtyard. It was surrounded by high walls with a 200m^2 patio in front of the door and in the middle there was a two-storey brick-and-timber-structured building with seven rooms on each storey, with single-layer measuring about 130m^2.

Although there were separate premises, the library was still empty, without even a desk. In order to save money, the library staff brainstormed for an initial batch of furniture for the library. Some institutions happened to close down and their desks, chairs and other assets were handed over to the Municipal Bureau of Finance. The library got some furniture from the Municipal Bureau of Finance. The first catalog cabinet was made of the wood from an old soap box. The catalog cabinet looked ugly but was very durable. It had been used for more than 10 years until the library was able to purchase standard catalog cabinets when constructing the new library in 1980s. Bookends on the shelves were made of bricks wrapped in kraft paper and cards for readers to mark the position of the book on the shelf were made of small pieces of wood coated with varnish. Every morning, librarians boiled water for readers. In summer, the sun-baked cement floor of the library was very hot, and librarians brought cool well water from the yard and sprinkled it on the floor to eliminate the heat.

When the library was established, its name was "Hangzhou City Library", which was changed to "Hangzhou Public Library" later. Zhang Zongxiang, the President of Xiling Seal Engravers Society, inscribed the name of the library. At that time, Zhejiang Library sent staff to assist and guide work in Hangzhou Public Library. Employees here not only seized the opportunity to ask the teachers about work, but also spent their free time in self-learning. As a result, their professional ability and service ability enhanced quickly. Hangzhou Public Library, this little boat, thus began the sail, and sailed to the vast ocean of socio-cultural services.

3. A Good Idea: Developing Readers into Volunteers

In view of/Taking into Consideration the thirst for knowledge of junior high school teenagers, Hangzhou Public Library decided to expand the scope of service. The library transformed the convention that it only opened to people who were high school students and older in age, which attracted a lot of junior high school students.

The expansion of reader range made the borrowing amount rise to a higher level. But at that time, all the staff members of the library were less than ten people. They kept loading shelves and settling the borrowing formalities every day. High-intensity work made the librarians exhausted. In such environment, the librarians had the idea of organizing readers' self-service groups.

Hangzhou Public Library was surrounded by many junior high schools at that time, such as No. 11 High School, No. 2 High School and so on. Some of the students went to the library after school every day. Immersing in the midst of the books, they even forgot to go back home for dinner. Finding them liking the library so much, the librarians asked whether they wanted to volunteer to work, such as loading books onto the book shelves and organizing bookshelves. Learning it was to deal with the books in the library, students who loved reading were eager to volunteer.

Practice had proved that developing readers into volunteers was a good idea to serve two purposes— not only solving the problem of shortage of librarians, but also enriching the students' extracurricular activities and cultivating their consciousness of social services. After having a successful attempt of junior high school students' participation in library services, Hangzhou Public Library's volunteer team gradually expanded, including students and different groups such as workers, traffic policemen and the unemployed young people.

4. Hard but Sweet: Delivering Service to the Grassroot Units

During 1950s and 1960s, most of the city public libraries started to extend cultural services such as books and some other services to rural and Grassroot units, and regularly visited factories and rural areas for cultural counseling. Hangzhou Public Library was no exception.

At that time, regardless of differences in allocation of functions or positions, each employee had his own Grassroots service arrangements. They periodically took turns to send books to the workers in factories at ordinary time, and did rural cultural counseling in slack seasons except busy seasons of spring sowing and autumn harvest. During service activity in the countryside, Hangzhou Public Library only left a few employees for regular book lending, while other employees stopped their work, leaving with all the stuff in bicycle or tricycle. The library not only sent books for the production team, but also gave slide shows to members of the team at night, which was accompanied by oral explanation. This slide activity was particularly popular and was called "screening mini movie" by farmers.

Traffic conditions were underdeveloped at that time and material transport almost relied on manpower, so Grassroot cultural services were hard. The librarians had to be engaged in heavy work, such as book packaging, material handling, and accommo dation conditions in urban area were comparatively bad. But when seeing the joyful face of workers and laughter of farmers, exhaustion of the librarians was swept away. Customers' satisfaction was the best gift for the librarians.

5. The Original Ancient Book Collection

From 1960s, Hangzhou Public Library collected a total of three batches of ancient books, initially building up its collection of ancient books.

In 1963, Municipal Bureau of Culture in Hangzhou set up the Hangzhou Local Literature Room on the 3rd floor of the calligraphy and painting studio on Hubin Road. When it was established, Bureau of Culture solicited some rare books from some units, such as *A Dream of Red Mansions* of 63-volume commented by Jin Shengtan in the Qing Dynasty, which was provided by the calligraphy and painting studio. Later on, the information of main libraries and private book collectors was collected, such as the basic conditions of their collection of rare local literature. Obtaining more than 1, 100 kinds of books, the first Hangzhou local literature exhibition was held. Based on the exhibits, the library compiled *Book Catalogue of Hangzhou Local Literature*. It took this as a clue to purchase a number of ancient local literature from a book collector of private local chronicles. After a few years, the Hangzhou Local Literature Room was revoked, and book collections there were passed on to Hangzhou Public Library, becoming the first batch of ancient book collection in Hangzhou Public Library.

The second batch of ancient local literature collections collected by Hangzhou Public Library was the most precious ancient books, and its collection story was the most legendary. When a librarian participated in a general investigation of culture, he found a utility room which was full of ancient books in a Catholic Church on Zhongshan North Road. Hundreds of books were mostly local history books, but most people did not know their value so they piled up the books casually. Librarians then contacted the Church's manager, Sanzi Patriotic Association, requiring to save these books in Hangzhou Public Library. The negotiation result was to use new books to change for the ancient books. These precious local history books were finally changed back with 129 new books. Later, it was found that this batch of local history literature was collected by a British priest of the Catholic Church. In 1949, and these books were preserved since then.

The third batch of ancient book collections in Hangzhou Public Library was bought in 1960s when Ancient Books Cooperation Bookstore was closed. The bookstore retained more than 7, 000 volumes of ancient books and reference materials, and sold them to Hangzhou Public Library at 10, 604 RMB. Some of these books were precious manuscripts. Later on, Hangzhou Public Library used the materials about Yunnan in cooperation with Yunnan Library, providing a great deal of help for Yunnan local records compilation. The most valuable book was *The Records of Hangzhou Yuhuang Mountain* (*Hangzhou Yuhuangshan Zhi*).

6. Abundant Achievements: Compiling Local Literature

In early 1980s, local literature was compiled all over the country. Hangzhou Public Library began to organize and compile local literature in 1982. Since Hangzhou was rich in local literature of ancient book collections, Hangzhou library compiled and published the book, *Local Literature Bibliography in Hangzhou Public Library* (*Guancang Hangzhou Difang Wenxian Ziliao Mulu*). The bibliographic contents were compiled in sections and arranged by classification, and each entry had a brief. With this book in hand, local literature of ancient books would be clear at a glance.

To prevent a batch of ancient literature with huge value from annihilation, Hangzhou Public Library planned to organize a batch of important materials by steps, such as *Yuhuang Mountain Records*, first and second volumes of *Hangzhou History and Geography Series*, and especially *Hangzhou New Records Draft in Republic of China* and *Draft Chorography of Hang County*. These two kinds of county literature were of great value: the former one mainly described Hangzhou during the Republic of China, and the latter one described in detail the suburbs of Hangzhou and the Yuhang District in the Republic of China.

After the PRC was founded, there were many private bookstores of ancient books on Pinghai Road in Hangzhou. *New Draft Chorography of Hangzhou* was collected by one of the bookstore owners from the native place of Gan Renjun in Ninghai. It was said that these manuscripts were put in a sack to sell as scrap by the descendants of Gan's family. Because of the long time and poor state of preservation, the handwriting was vague. Hangzhou Public Library asked a few old experts to copy them into 33 volumes and photocopied into one part. Later, the library bought the rice paper offset press, and published the first series in 1983. Later the second series of *Draft Chorography of Hang County* was compiled and printed. Using the proceeds of these books, Hangzhou Public Library continued to solicit and purchase ancient books, including local literature. It purchased 4, 700 kinds of ancient books in 1985 only.

As a regional administrative unit, Hang County just had a short history. In 1912, the government of ROC withdrew Renhe and Qiantang and set up Hang County. In 1927, Hang County was divided into Hangzhou and Hang County. In 1958, Hang County was withdrawn and its jurisdiction was incorporated into Yuhang County. Because of the short history and less historical data, few people systematically organized this part of history. In the first half year of 1985, Yuhang Chorography Office said Yuhang County Archives had a collection of *Draft Chorography of Hang County*. But they were unable to organize this manuscript, and looked for help from the Ancient Books Department of Hangzhou Public Library. The librarians found that it was only initially clipped and pasted leaflets. But if *Draft Chorography of Hang County* could be sorted out according to these leaflets, it would not only be of great significance for editing *Chorography of Yuhang County*, but also have great reference value for editing *Chorography of Hangzhou*. The Ancient Books Department of Hangzhou Public Library undertook the task of sorting out these materials. After a year of organizing and copying, the original manuscript was bound into *Draft Chorography of Hang County*, and was printed more than 100 items. In addition to Yuhang Chorography Office, the book was also available to libraries in Hangzhou and history research institutions.

Section 2

Early Glory Days

1. Old Comrades Were Treasures: Construction of a New Library in Huansha Road

From 1969 to 1982, Hangzhou Public Library had three premises: Jianren Bolck, the Children's Branch Library and the Christian church Sicheng Hall. The library building in Jianren Bolck was poor, and could only be used to store books. The Children's Branch Library was located on Jiefang Road, and was allotted to Hangzhou Public Library from children's reading room of Zhejiang Library. Sicheng Hall was an idle house borrowed from the municipal government. Its first floor was used to store newspapers, the second floor was open to readers for borrowing, and foreign periodicals were deposited on the third floor. In response to the social service needs of Hangzhou Public Library, the contingent approach was to retrofit existing premises. In 1964, a new 160m^2 stack room was built in Jianren Block, but it was still hard to meet the developing needs. The library asked for support from the Municipal Bureau of Finance again and demolished the two-storey building of the Children's Branch Library, which only occupied an area of 250m^2. In 1977, the library built a four-storey new building of 1,000m^2 in the same spot. The first and second floors were used as children's reading room and stack room, the third floor was a reading room for adults, and the fourth floor was scheduled as Ancient Books Department.

In 1980s, Hangzhou Public Library had developed into a medium-sized library with a collection of nearly 400,000 books. But the library site was still in short supply. Especially in

1982, after the Children's Branch Library was seperated and Sicheng Hall was withdrawn by the church, the library had to borrow vacant houses from other units to pile up so many books. At that time, coinciding with the Reform and Opening policy coming into climax, public culture undertaking got the attention of the whole society, and the new building construction project of Hangzhou Public Library, also as a key project in Hangzhou, was soon ratified. The new library was located on No. 254, Huansha Road.

In 1981, the construction of the new library began. It had experienced many twists and turns, and was completed two years later. In 1984, the interior decoration was in full swing. At that time, the decoration team was responsible only for work such as painting. And other trivial work was done by the librarians themselves. The words "Hangzhou Public Library" on the lintel of the front door were accomplished by several old librarians' roundtrip from Yixing in Jiangsu for several times. The librarians who were responsible for woodworking took fashion of library both at home and abroad for reference. Then according to patterns and needs of space of all activities, they designed book shelves and reading desks and chairs in different styles. An old librarian who used to work in a movie company undertook all the facility installation of water and electricity in the whole library by himself. The new library used advanced materials on the decoration as far as possible. For example, window glasses of the library were imported UV-resistant tawny glasses, which cost 64 RMB per square meter. By 1986, the interior decoration was almost ended, and the new Hangzhou Public Library became a landmark of Hangzhou, welcoming more readers.

2. A Perfect Storm: "A Civilization Tornado"

In May 1986, Hangzhou Public Library moved from the small building in Jianren Block into the new building on Huansha Road. The new library had an area of 5,500m^2, and Hangzhou Public Library finally had the professional building with complete basic functions. Multi-function rooms and training classrooms with an area of hundreds of square meters were set up in the building. There was more new space for the development of library business, which had a monumental meaning for Hangzhou Public Library's development.

When the new library was completed, the community had a high demand for library cards. Formerly, Hangzhou Public Library issued library cards mainly through the Trade Union. In this way, there were many library cards being put aside, while readers with genuine needs couldn't get the cards. Thus, Hangzhou Public Library changed the traditional way, and decided to openly issue library cards to the public. On May 3rd, 1986, *Hangzhou Daily* published an announcement: Hangzhou Public Library would start to distribute 30,000 library cards to the public at 8:30 a.m., May 6th.

The unexpected "storm" suddenly hit, and tens of thousands of readers that were hungry for library cards lined up all night in front of the library. In morning of May 6th, library cards were all given out in a few hours, and the readers who did not get a library card crowded the library. *Zhejiang Daily*, *Guangming Daily* and other media called this phenomenon "a civilization tornado".

3. A Fountain of Knowledge: Library Principles in 1980s

With deepening reform of the society and rapid development of urban and rural economy, the knowledge and information needs of the public also boosted, challenging

Hangzhou Public Library in the new age. Hangzhou Public Library decided to keep pace with the times, providing services from traditional book borrowing and returning to a higher level of cultural service, and managed the library as a new cultural institution of "fountain of knowledge".

At the same time, with hardware construction of the library, the construction of librarians' professional team also had a breakthrough. Graduates who majored in library sciences in Wuhan University, library and information science in East China Normal University, as well as other universities and fields joined Hangzhou Public Library. The library organized the departments, and set up a total of ten departments: lending department, reading department, reference department, ancient books department, information department, acquisition and cataloguing department, counseling department, technical services department, outsourcing office and administration department.

Literature resource construction of the library also had a comprehensive development, and the categories of books expanded. To improve library services, the library extended its service time, for example, reading room was open till nine o'clock in the evening. It provided new services, such as books reservation, telephone renewal and information searching.

4. Another Kind of Benefit: Service for the Key Readers

Starting from 1986, Hangzhou Public Library had developed a new service to deliver books home. The library first listed a number of key readers. Readers generally included people whose education background was higher than university or had intermediate technical titles. They might come from technology or research departments of all industries, and were responsible in research, teaching and production projects and so on. The library provided follow-up services of literature resources for them, and strived to meet their reference demands, along with providing a variety of benefits.

A senior engineer of Qiantang River Project Authority in Zhejiang Province was one of the key readers of Hangzhou Public Library. He undertook the design of sea dam of the Qin Mountain nuclear power plant. When he encountered problems in the course of the project, he asked help from Hangzhou Public Library. Understanding the great responsibility, librarians collected relevant information at full speed in the National Library, provincial library and information research institutes. The engineer referred to professional information provided by Hangzhou Public Library, and improved his designs, which not only reduced the cost, but also increased the safety factor. As a result, the project was completed eight months ahead of time, and saved 4 million RMB for the country.

5. Deep Services: Developing Information Resources

In 1986, Hangzhou Library established the Information Department. It organized and filtered newspaper literature, and edited *City Work Information* (weekly) around major problems of city social development. Later, the Information Department edited "decision clippings information" (divided into 24 classes, half monthly), and distributed to related departments of Hangzhou municipal government. This service provided decision reference for city social development.

Information service was the very stressful work. But the librarians in Hangzhou Public Library faced the difficulties bravely, and provided useful information services in limited conditions.

The first aspect was the difficulty of the work. To improve the quality of decision-making information for social development, the librarians must grasp the pertinence, timeliness and accuracy. It required librarians to know the information needs of policy makers in time, and to target hot issues in social development and management. They had to timely provide practices, experiences, lessons and other information around the country as decision-making reference. Therefore, the librarians must devote themselves into work. In addition to timely reading more than 100 kinds of newspapers every day and finishing choosing materials, they must also pay attention to news media, understanding national policies, as well as the city's economic and social information, in order to capture relevant information through different channels and angles. As long as policy makers had such requirement, the librarians would have to provide valid information.

The second aspect was misunderstanding from all communities. They did not approve of the necessity of library's information service of decision-making and denied the value of this service. Faced with a myriad of queries, the Information Department did a test to see whether municipal government officers actually read *City Work Information*. Their method was listing a piece of information in the content, but arranging only a plain page in the corresponding part in the magazine. Unexpectedly, the next day after the magazines were sent out, the mayor's secretary was on the phone, asking why *City Work Information* of this issue had a missing page and saying the mayor requested the missing page content. This result let the library information services activities staff have a solid belief to continue.

6. "Stars" Twinkle: The Pace of Modern City Library

In June 1993, Hangzhou Public Library introduced ILAS software promoted by the Ministry of Culture. In January 1994, the library established a bibliography database containing 130,000 kinds of Chinese books, which was followed by the introduction of the circulation and retrieval subsystems. On June 4, the computer management of borrowing and returning books was officially put into use, and the library cards were also updated to machine readable barcode card. On October 1, Hangzhou Public Library opened a retrieval system for readers to search books. In 1995, the library introduced the reference system, which was used for automation of information work. In 1996, Hangzhou Public Library adopted the electronic periodicals subsystem. On June 12, journals database was built and would soon open to readers.

In 2000, Hangzhou Public Library presented "equal, free, barrier-free" concept of public library services, and set up a reader's companion society and the first public library foundation in our country.

In 2003, Hangzhou Public Library took first step of opening freely to public, and launched a no-card reading system. The same year, the library advocated the central-branch library system of an alliance way in Hangzhou, and built a project "book and information services one-card-pass", to use and transfer public library resources across all libraries without restriction in area of Hangzhou. The effective social services of Hangzhou Public Library were affirmed by domestic and foreign authorities. In 2003, Hangzhou Public Library was absorbed as a member by IFLA.

In March 2004, Hangzhou Public Library established the Department of Readers, Work, dealing with various readers' activities. The Department of Readers Work founded "Wenlan Lectures" with four series as the main line: "Chinese culture", "human geography", "elegancy of ancient cities", and "the wisdom of life". These activities deeply rooted among the readers. And coming to Hangzhou Public Library for lectures became one of the major amateur cultural activities for the citizens.

On June 1, 2006, *Public Library Service Convention in Hangzhou* formulated by Hangzhou Public Library was enacted, promising that the basic service was free to citizens. From this day on, Hangzhou public libraries entered the era of free fee. In 2007, Hangzhou Public Library won the highest award "stars" of the Ministry of Culture for social services.

Section 3

Pride of Heavy Work in a Long Way

Build a New Library: The Birth of the "Public Study"

Entering the 21st century, Hangzhou Public Library launched a new library construction in 2005 again. In October 2008, in the Civic Center along the Qiantang River, a modern library with a total area of 43, 860m^2 was built.

The building of the new library had a basement and four floors above ground. The whole library was covered with WiFi, and could accommodate 2 million books, with 2, 200 reading seats. Under the guidance of modern library management idea and the development goal of "civilian library, public study", interior design of the library took open type and humanization

as a starting point, and used unique home style and "soft separation, barrier-free" space layout to create a warm and relaxing environment for readers.

The new library introduced an advanced self-service book borrowing and returning system, RFID. RFID used radio frequency technology to replace traditional barcode technology. It allowed readers to borrow and return books in a flexible and convenient self-service way, improving the efficiency of circulation. In addition, the library also had a music library with first-class acoustics equipment in the world.

The new Hangzhou Public Library embodied the concept of people-oriented and service-oriented. It was equal for all readers. The library would never say "no" to beggars and junkmen for getting in. But the only requirement for them was to wash their hands before reading books. In the early years of the new library's opening, there were junkmen coming into the library to read, which caused angry reactions from other readers. Those readers thought that allowing junkmen to come in was lack of respect for them. The curator said, "I have no right to refuse them, but you have the option to leave." Unexpectedly, a year later, some netizens posted a micro-blog about this matter, and commended the behavior of the curator, attracting tens of thousands of feedback. Therefore, Hangzhou Public Library had also been called "the warmest library in history" by the netizens.

Hangzhou Public Library is the culture card of Hangzhou, and also the benchmark of public cultural service activities. In recent years, Hangzhou Public Library had won numerous honors. Elegant environment, advanced equipment and fine service had made Hangzhou Public Library a must stop in a "cultural tour" of Hangzhou by many tourists from all over the world.

Section 4

Transformation in the Digital Era

In the late 20th century, with the rapid development of information processing technology and the network technology at home and abroad, the world started to pace into the information era. Before 2000, Hangzhou Public Library set out to build the library website. Collecting 130,000 RMB as start-up capital from the society, Hangzhou Public Library completed "Wenlan Online" website in 2002, which became the beginning of digital library construction in Hangzhou.

In 2009, Hangzhou Public Library signed an agreement with the world's largest digital library, OCLC, and shared data at both sides. Hangzhou Public Library had become a member of OCLC management. Since then, Hangzhou Public Library's readers could get digital resources from libraries of 147 countries and regions in the world, and libraries around the world were able to retrieve information resources about Hangzhou region which were uploaded by Hangzhou Public Library. It marked Hangzhou Public Library gradually integrated into the world library community and became a window for the world to know Hangzhou.

In 2010, Hangzhou Public Library launched 3-in-1 network digital library, aiming at "creating digital civilian library" so that citizens would be able to enjoy free, convenient and direct information service provided by the digital library. Basing on the concept of "limited resources, unlimited services", Hangzhou Public Library fully played the municipal branch center role in the national book sharing project. Relying on the Internet, mobile communications network and digital TV network, the basic service of Hangzhou Public Library was extended to the network, TV and mobile phone. The library created "Wenlan Online" digital service platform, and explored a networked and civilian "Hangzhou Public Library mode". The creation of digital library made it possible to share library resources anywhere, anytime, and opened up a popular new way to read books, which effectively improved the quality of Hangzhou people's cultural life. In 2012, "Wenlan Online" digital service platform project won the fourth Innovation Award of the Ministry of Culture.

杭州圖書

Practice

婚 姻 中 的 角 色

03

Chapter 3

The Construction of the Service System

Public library service system is the sum of various types of public libraries and their services within a specific area, and its basic character is systematic and clustering. Compared with the single library, public libraries in the system can solve the conflict between multiple tasks and unified management, helping to achieve the maximum benefits of library services. The system is widely recognized at home and abroad.

Hangzhou was one of the areas that took an early start to practice the construction of public library service system. In 2003, Hangzhou Public Library began to promote "book and information services one-card-pass" project, which integrated literature information resources from 9 public libraries of Hangzhou Public Library, Hangzhou Children's Library, and district libraries in Xiaoshan, Yuhang, Tonglu, Fuyang, Chun'an, Jiande, and Lin'an. Hangzhou Public Library regulated business work of each library within the network, and merged data to build platform, which became a city unified library business management platform and a business work management standard. Meanwhile, it absorbed libraries (or reading rooms) in the neighbourhood (or township) and communities (or villages) into service network as primary service sites. After nearly five years of development, Hangzhou public library service system had basically completed the construction of the first stage. It had established the union of public libraries across administrative regions, and realized unified loan and return and resource sharing between prefecture-level and county-level public libraries, basically forming an expedite library information service system between urban and rural areas.

To further expand the group covered by public library service, especially to bring rural residents of remote areas into public library service system, since 2009, based on " book and information services one-card-pass" project, the network construction of Hangzhou public library service system had done further research and exploration on effectively extending to grassroots.. Based on reference of experience at home and abroad, Hangzhou Public Library fully considered the existing administrative system in China and ways of public financial inputs, and designed " Center Library and Main-branch Library" construction mode. It positioned Hangzhou Public Library as the center library in the system, and five counties and eight districts each built its own main-branch library eventually forming a regional and layered public library service system that covered Hangzhou. In 2009, the main-branch library construction mode started a pilot project in Tonglu. After achieving the desired effect, it was promoted to Jianggan and Jiande in 2011. Thus, Hangzhou public library service system won the power to develop sustainably.

After more than 10 years of exploration and practice, Hangzhou public library service system had made positive progress. By 2014, the system had included 2 city-level libraries, 11 district and county (city) libraries, 176 township (neighbourhood) libraries, and more than 2,500 village (community) libraries. With the mode of "Center Library and Main-branch Library", four-level service network of city public library was basically completed, which became an important factor for the development of urban and rural public culture in Hangzhou.

Section 1

Interpretation: A Decade of Exploration

During the decade of constructing public library service system, Hangzhou timely grasped the development direction and trend of the library. Combining with the reality and development requirements of Hangzhou, the city insisted on effective uniformity of constant self-perfect and continued external support in practice. It insisted on effective uniformity of guideline, framework design, and scientific management. It insisted on effective uniformity of service contents and service means. It insisted on effective uniformity of government promotion and social participation. Through full system design, open social participation system, multiple service contents, diversified service ways and advanced service means, the system not only had a complete and clear four-level service network from city to district, to township (neighbourhood), and to village (community), but also gained self growth capacity through ways like social cooperation and civil participation to obtain more continued development power under the leadership of the government, achieving constant growth of Hangzhou public library service system for a decade.

1. Administrative Support

On December 31, 2011, Hangzhou government promulgated *Implementation Opinions on Further Strengthening the Construction of Hangzhou Public Library Service System* (hereinafter referred to as *Implementation Opinions*). It defined the construction modes, construction standards and construction requirements of Hangzhou public library service system.

In October 2012, Hangzhou Public Library Management Committee was established. Later, Hangzhou Public Library Development Committee was also established. It was responsible for coordination, guidance, supervision and examination work of public library service system around the whole city, in order to safeguard the construction of public library service system in Hangzhou.

2. The System Structure

Hangzhou public library service system took the vertical framework of "Center Library and Main-branch Library" as a basis. Its structure was divided into four levels, namely, city library as the center, district and county (city) library as the main library, township (neighbourhood) library as the branch library, community (village) library as the sub-branch library. In management, it used multilayer grading management concept to define the roles, status and duties of three-level governments. It also described responsibilities for main-branch library service system construction of each level government in their areas. It also strengthened regional main library function of district and county (city) library, and stressed its business radiation and supervision management to grassroots sites and node control effect in the whole public library service system, making the structure of whole public library service network closer and the operation more efficient.

Meanwhile, Hangzhou public library service system concerned about the social integration of all forces. Through the horizontal integration of university libraries, specialized libraries, and other social institutions, it enriched the resource allocation and service condition of the service system, and improved the service system architecture.

3. Management System

In 2003, Hangzhou Public Library promoted the unified information management platform of public library service system in the whole city, and gradually brought 13 district and county (city) public libraries and more than 1,000 town (neighbourhood) and village (community) libraries into the platform, realizing the unified loan and return of literature. With this platform, in 2004, Hangzhou public library literature acquisition and cataloguing center was established, and the standardized construction of acquisition and cataloguing work of public libraries began. Later, Hangzhou Public Library with the district and county (city) libraries together promulgated *Public Library Service Convention in Hangzhou*, and established the linkage mechanism of ancient books and local literature in the city, achieving a unified and standardized management in multiple business areas. In 2013, according to the demands of *Implementation Opinions*, *Assessment Methods on Main-branch Library System Building of District and County (City) Public Libraries in Hangzhou* was enacted. It explained essential conditions for district and county (city) main library, town (neighbourhood) branch library and village (community) sub-branch library in detail, and formulated the corresponding main-branch library assessment index. These unified management platforms, construction standards, business standards, and assessment system ensured healthy, efficient and sustainable operations of Hangzhou public library service system.

4. User Service

Hangzhou suggested building the library as "the third cultural space" in the process of public library service system construction. It focused on the implementation of multiple cultural services based on the literature service, trying to construct public library service system as an open and diverse center for public information and knowledge spreading, a base of education, learning and training, and cultural entertainment space. Details are as follows.

The library emphasized the rich contents and diverse forms of user services. It included a variety of cultural contents, cultural styles and forms of spreading in the large space of public libraries. There were reading, consultation, lectures, exhibitions, performances, salons, training, contests, experience, publications and so on. The activities of life health, mental health, news comment, science popularization, history and culture, tourism and leisure, art appreciation, international communications were colorful. All these could fully meet the needs of people from various classes and with different cultural backgrounds.

Free and open platform for cultural participation enhanced the interactivity of service. Hangzhou Public Library pioneered new service forms, such as "readers act and readers see", "readers tell and readers listen", "readers publish and readers read". Based on the readers societies, the library launched a series of activities, such as "I want to be the speaker", "Wenlan Salon", and "little artists' first show". It had formed a benign interactive new situation between providing public culture service of the library and active participation in public culture construction of the readers.

5. Digital Platform

Hangzhou digital library ("Wenlan Online") was officially opened in 2011. It consolidated three major networks of the mobile communication network, the Internet, and digital television network in Hangzhou, forming new modes through multimedia communication channels such as mobile phones, computers and televisions to provide terminal services. Especially "Wenlan Online" television library created a precedent in national digital library construction. With Hangzhou digital library as the core of "multi-terminal and omnibearing digital services platform—Wenlan Online" was awarded the 4th Innovation Awards by the Ministry of Culture.

Section 2

Practice: Benefit Emerging

After more than 10 years of development, Hangzhou public library service system has begun to take shape. Through the comparison between the initial period of construction of public library service system in 2004 and public library service system benefit emerging in 2014, we could see the service content of Hangzhou Public Library was enriched, and the level of service was constantly improved. Hangzhou public library service system was enriching people's cultural life, and was playing an increasingly important role in constantly improving the quality of cultural life of the community.

1. Conditions of Service Improving

(1) Finance Investment

Finance investment in public library maintained steady growth. In 2014, annual fiscal revenue of the county-level and above public libraries in Hangzhou was approximately 153, 936, 000 RMB, increasing 321% compared with 2004. Among them, document acquisition cost was 31, 285, 000 RMB, increasing 685% compared with 2004. The government funding for libraries was in good shape overall (Table 3 – 1).

Table 3 - 1 Comparison table of Hangzhou public library funds in 2004 and 2014

Unit	Annual total funds (thousand)			Document acquisition cost (thousand)		
	2004	2014	Increasing rate	2004	2014	Increasing rate
Hangzhou Public Library	9, 642	71, 063	637%	1, 749	17, 000	872%
Hangzhou Children's Library	4, 310	14, 109	227%	459	1, 060	131%
Xiaoshan Library	3, 424	22, 680	562%	750	3, 800	407%
Yuhang Library	13, 277	9, 816	-26%	300	1, 900	533%
Jiande Library	635	4, 850	664%	62	1, 290	1, 981%
Fuyang Library	1, 681	5, 000	184%	222	1, 000	350%
Lin'an Library	1, 148	7, 070	516%	169	1, 100	551%
Chun'an Library	673	2, 251	234%	72	385	435%
Tonglu Library	2, 793	4, 096	177%	200	800	300%
The West Lake Library	—	4, 460	—	—	1, 000	—
Gongshu Library	—	2, 896	—	—	600	—
Jianggan Library	—	4, 550	—	—	1, 300	—
Xiacheng Library	—	1, 095	—	—	50	—
Binjiang Library	—	—	—	—	—	—
Total	37, 583	153, 936	321%	3, 983	31, 285	685%

Note: Yuhang Library was in the stage of construction of new building in 2004, and 11, 410, 000 RMB of annual revenues were used for the construction of the new building.

(2) The Number of Public Libraries

Infrastructures of Hangzhou public library service system continually improved. A large number of grassroots public libraries were built and rebuilt, effectively forming and continually improving the infrastructure network of library cluster management system in the whole city. In 2014, the number of city-level and county-level libraries in Hangzhou which were already built or under construction was in total of 14 and township and neighbourhood libraries were 170. A single library service covered 47, 000 people on average (Table 3 - 2).

Table 3 – 2 Statistics chart of town/neighbourhood public libraries in Hangzhou in 2014

District/County	Xiao-shan	Yuhang	Jiande	Fuyang	Lin'-an	Chun'-an	Tonglu	The West Lake	Gong-shu	Jiang-gan	Xia-cheng	Bin-jiang	Total
Number of towns /neighbo-urhood	27	19	16	24	18	23	14	11	10	8	8	—	178
Number of town /neigh-bourhood libraries	27	19	16	18	18	23	12	11	10	8	8	—	170

(3) Area of Public Libraries

In 2014, the total area of district-level, county-level and above public libraries in the city was 138, 267m^2, increasing by 286% compared with 2004. In the decade, Hangzhou Public Library, Xiaoshan Library, Yuhang Library and Jiande Library had already finished building new libraries; the West Lake Library, Gongshu Library, Jianggan Library and Binjiang Library were built. The area of public libraries in the city per thousand capita was 14. 78m^2, and reading seat per thousand capita was 1. It had laid a good foundation for the city's residents to access public library services as near as possible (Table 3 – 3).

Table 3 – 3 Comparison chart of the infrastructure condition of Hangzhou public libraries between 2004 and 2014

	Gross area (m^2)			Reading seat		
	2004	2014	Increasing rate	2004	2014	Increasing rate
Hangzhou Public Library	5, 228	49, 088	839%	348	2, 392	587%
Hangzhou Children's Library	5, 685	6, 003	6%	471	800	70%
Xiaoshan Library	2, 152	30, 000	1, 294%	124	1, 018	721%
Yuhang Library	3, 112	10, 931	251%	200	700	250%
Jiande Library	300	4, 295	1, 332%	50	333	566%
Fuyang Library	3, 550	3, 550	0	190	190	0
Lin'an Library	4, 953	8, 051	63%	100	488	388%
Chun'an Library	2, 032	1, 889	-7%	272	322	184%
Tonglu Library	8, 780	7, 760	-10%	765	800	5%

(continued)

	Gross area (m²)			Reading seat		
	2004	2014	Increasing rate	2004	2014	Increasing rate
The West Lake Library	—	3, 200	—	—	300	—
Gongshu Library	—	3, 000	—	—	220	—
Jianggan Library	—	3, 500	—	—	722	—
Xiacheng Library	—	4, 500	—	—	465	—
Binjiang Library	—	2, 500	—	—	100	—
Total	35, 792	138, 267	286%	2, 520	8, 850	251%

Note: 1) Chun'an Library has separated nearly 150m² for the local public kindergarten since 2013.

2) The new building of Tonglu Library finished building and opened in 2004, and 8, 780m² was the area for the Cultural Center, in which the new library and a museum were located. 7, 760m² in 2014 was the area for the library only.

2. Service Benefits Increased sharply

(1) The Number of Readers with Library Cards

In 2014, Hangzhou Public Library and Hangzhou Citizen Card Service Center jointly launched the convenience move of "issue of citizen card synchronized opening book lending function". Starting from April 23, it opened a unified book lending function to all citizen card users. At this point, Hangzhou public library service system had the recorded number of card readers of 8, 559, 068 (Table 3 - 4).

Table 3 - 4 Comparison table of numbers of Hangzhou public library card holders in 2004 and 2014

Library	Numbers of readers with library cards		Library	Numbers of readers with library cards	
	2004	2014		2004	2014
Hangzhou Public Library	33, 477	3, 384, 516	Chun'an Library	3, 242	386, 306
Hangzhou Children's Library	42, 377	263, 351	Tonglu Library	5, 242	382, 727
Xiaoshan Library	2, 315	1, 415, 871	The West Lake Library	—	36, 892
Yuhang Library	8, 620	969, 074	Gongshu Library	—	29, 767
Jiande Library	350	448, 963	Jianggan Library	—	35, 242
Fuyang Library	3, 668	627, 595	Xiacheng Library	—	40, 379
Lin'an Library	14, 433	508, 385	Binjiang Library	—	30, 000
Total				**113, 724**	**8, 559, 068**

(2) Readers Circulation

In 2014, the total circulation of county level and above public library visitors broke 12, 000, 000, increasing 668% compared with 2004. Data of each library displayed a continued and significant growth of readers circulation (Table 3 - 5).

Table 3 - 5 Comparison table of Hangzhou public library readers circulation in 2004 and 2014

Library	Readers circulation			Library	Readers circulation		
	2004	2014	Increasing rate		2004	2014	Increasing rate
Hangzhou Public Library	456, 764	3, 529, 060	673%	Chun'an Library	90, 000	148, 600	65%
Hangzhou Children's Library	279, 530	559, 192	100%	Tonglu Library	110, 000	173, 296	58%
Xiaoshan Library	180, 426	2, 114, 883	1, 072%	The West Lake Library	—	788, 930	—
Yuhang Library	235, 000	1, 369, 059	483%	Gongshu Library	—	775, 060	—
Jiande Library	41, 000	252, 000	515%	Jianggan Library	—	600, 000	—
Fuyang Library	130, 976	179, 540	37%	Xiacheng Library	—	1, 200, 000	—
Lin'an Library	80, 000	622, 438	678%	Binjiang Library	—	—	—
Total					**1, 603, 696**	**12, 312, 058**	**668%**

(3) Literature Lending

More people began to come to Hangzhou public libraries to borrow books, and literature lending times increased significantly. In 2014, literature lending of all public libraries in the city reached 9, 426, 674, increasing 427% compared with 2004 (Table 3 - 6).

Table 3 - 6 Comparison table of book lending in Hangzhou public libraries in 2004 and 2014

Library	Literature lending times			Library	Literature lending times		
	2004	2014	Increasing rate		2004	2014	Increasing rate
Hangzhou Public Library	525, 776	3, 980, 813	657%	Chun'an Library	60, 000	251, 113	319%
Hangzhou Children's Library	296, 195	851, 887	188%	Tonglu Library	120, 000	175, 057	46%

(continued)

Library	Literature lending times			Library	Literature lending times		
	2004	2014	Increasing rate		2004	2014	Increasing rate
Xiaoshan Library	143, 615	907, 487	532%	The West Lake Library	—	616, 608	—
Yuhang Library	350, 000	547, 738	56%	Gongshu Library	—	247, 290	—
Jiande Library	30, 000	218, 797	629%	Jianggan Library	—	106, 838	—
Fuyang Library	123, 007	311, 846	154%	Xiacheng Library	—	661, 615	—
Lin'an Library	140, 000	539, 582	285%	Binjiang Library	—	10, 000	—
Total					**1, 788, 593**	**9, 426, 674**	**427%**

(4) Cultural Activities

In 2004, Hangzhou public libraries in districts and counties held 175 lectures, exhibitions and training activities. Cultural activities were in a small number and the form and content were relatively simple. In 2014, that number jumped to be 3, 442 (Table 3 - 7). In addition to lectures, exhibitions and trainings, each library carried out a variety of activities of art, performance and life, such as "reading and healing" in Hangzhou Public Library, "sunflower picture book reading" in Yuhang Library, "Qiantang weekend" theme salon in Jianggan Library, "children's film review" in Gongshu Library, "books as the media to make friends" large reading and dating activities in Xiacheng Library and so on.

Table 3 - 7 Table of 2014 Hangzhou public library cultural activities

Library	Activity times	Library	Activity times
Hangzhou Public Library	1, 475	Chun'an Library	49
Hangzhou Children's Library	578	Tonglu Library	112
Xiaoshan Library	95	The West Lake Library	188
Yuhang Library	179	Gongshu Library	150
Jiande Library	36	Jianggan Library	80
Fuyang Library	131	Xiacheng Library	185
Lin'an Library	184	Binjiang Library	—
Total			**3, 442**

3. Social Feedback

Hangzhou public library service system won a good social feedback. "Library information service one-card-pass project" won the 2007 "14th National Stars Award (Services)" from the Ministry of Culture. Hangzhou Public Library had been rated as Zhejiang cultural construction model and "civilized unit" in Zhejiang Province for several years, becoming public cultural service benchmark which was recommended by the government.

Meanwhile, Hangzhou citizens expressed a clear identification to public library service. A survey in five main districts in Hangzhou in 2013 showed that over 50% of respondents often went to the library. In 2013, a user satisfaction survey on Hangzhou public libraries showed that satisfaction rate of users in 11 district (county) libraries in Hangzhou was above 95%, and reader satisfaction rate of Hangzhou Public Library was over 98% for three consecutive years. Users expressed satisfaction with the reading environment, hardware, literature resources construction, lending services, digital construction, cultural training, reference consultation, librarians' attitude, etc.

04

Chapter 4

The Construction of Professional and Thematic Libraries

In recent years, based on the features of local culture and the actual needs of citizens, Hangzhou Public Library continued developing the professional services capabilities of public libraries. Relying on government support and social forces, Hangzhou Public Library had built or extended the Music Branch Library, the Buddhism Branch Library, the Life Theme Branch Library, Hangzhou Children's Library, the Braille Branch Library, the Chess Branch Library, the Seal Branch Library, and several professional and theme libraries by direct construction, commission and co-construction ways, in order to meet the diverse cultural needs of the public and the professional and other special needs of the users. Hangzhou Public Library explored and tried different ways to enhance the overall level of activities of Hangzhou public library service system.

Section 1

The Music Branch Library

Hangzhou had a long history of music. *Music Score of Paragons of Chastity* (*Lienüpu*) was created in the Southern Song. It created notation precedent of Chinese music, and formed the basic framework of Chinese traditional music. In recent years, Hangzhou musical activities flourished, and music industry rapidly rose. The government timely suggested building "City of Music" in order to enhance the quality of the musical life of the citizens in Hangzhou. In such a social background, Hangzhou Public Library established a Music Branch Library.

On September 30, 2008, the Music Branch Library located on the northern second floor of the new library of Hangzhou Public Library officially opened to the public. The Music Branch Library had an area of more than 1, 100m^2. Through advanced technology, excellent equipment and unique decor, the Music Branch Library formed a distinct theme space for readers, building a music appreciation, production, communication and music literature reading platform.

The Music Branch Library consisted of two basic areas: high fidelity audio-video area and self-service area. High fidelity audio-video area had three hi-fi music rooms, each of which was equipped with Avantgarde and "Titan" from Germany, Rockport Hyperion from the United States, Tannoy from the United Kingdom and many other world's leading audio equipment. The self-service area was divided into hearing part, audiovisual part, and reading part. The hearing part had more than 80 seats, equipped with Marantz desktop CD player from Japan and Sennheiser monitor earphone from Germany. It had more than 2, 000 kinds of CD typed literature, and their content covered opera, folk music, classical music, and pop music. It had a collection of Chinese and foreign musical magazines for more than 40 kinds, making it convenient for users to appreciate music while reading books. The audiovisual part had more than 40 seats, equipped with Sharp HD LCD TV, Panasonic DVD player, Sennheiser monitor earphone from Germany, Panasonic HD plasma TV and other broadcast equipment. It had more than 1, 200 kinds of DVD literture, covering concerts, operas, documentaries and so on. The reading part had about 50 seats and nearly 2, 000 books of music literature.

Based on the first-class hardware facilities, the Music Branch Library relied on the professional librarian team to organize and plan various music activities. Taking "there must be a voice moving you" as a brand, the Music Branch Library, together with performance teams, well-known musicians, and professors from music colleges, popularized music art and music knowledge among Hangzhou citizens through various forms, such as music knowledge popularization activities, music appreciation activities, and music salons. The branch library provided music fans with music appreciation activities to improve their music accomplishment, and provided music enthusiasts with professional musical works and equipment to meet their appreciation needs. Each user could get what they want in the Music Branch Library and share cultural feast of music.

In order to make more people feel the beauty of music, the Music Branch Library advocated the combination of music and life. "Pop music" square parties were held in summer, which built a public music corner beside Qiantang River and provided a stage for music fans to show music talents. In the "Intangible culture heritage protection lesson—Kunqu Opera art" activities, the Music Branch Library cooperated with Zhejiang Kunqu Opera Group, other professional art groups and civil Kunqu Opera artists, and sent performances to elementary schools and communities in districts, counties, and cities in Fuyang, Yuhang, Jiande, and Chun'an in Hangzhou.

The Music Branch Library also met the needs of special social groups, and let them feel the joy that music brought to life. In 2011, the Music Branch Library was identified as the first batch of "Hangzhou audition experience base accessible to persons with disabilities" by Hangzhou government. This was due to long-standing activities of organizing accessible audiovisual services for the blind. In the activity of "movies for the blind", considering the blind could not see the movie, the Music Branch Library invited well-known hosts to narrate the movie, and describe every scene of dialogues, personal appearances, dresses and actions in the movie synchronously. With the host's passion and artistic expression, the blind could hear with ears. Librarians also cooperated with the Disabled Persons Federation, disabled persons care institutions, rehabilitation centers, special schools, neighbourhood (community) service stations for the disabled and other welfare institutions for the handicapped to organize "love movies" activities.

Since the establishment of Music Branch Library, it had been open to embrace citizens from each class. The Music Branch Library today has already become a big square for Hangzhou citizens' musical life. Everyone can find their music mood and share their music pleasure. The Music Branch Library invites the citizens of Hangzhou to be participant and beneficiary of "city of music" construction.

Section 2

The Buddhism Branch Library

Hangzhou is known to be the "Buddhist land in the southeast". Buddhist schools and book collections of Buddhist temples flourished. Buddhism and culture of Buddhist temple book collection had an important position in developing the culture of Hangzhou, and had a profound impact on Hangzhou local culture. Hangzhou Public Library planned to establish the Buddhism Branch Library. On the one hand, through the service of Buddhism Branch Library, the overall impact that Buddhism had on Hangzhou urban development, including folklore, politics, economics and other aspects, could be further explored. On the other hand, the library hoped to promote the inheritance and development of Buddhist culture in modern society, and to create new energy in the construction of traditional culture in the modern city.

The Buddhism Branch Library was officially opened in 2012. It was located at No. 317, Tianzhu Road in the West Lake scenic area, adjacent to Three Tianzhu, Lingyin Temple and other Buddhist holy lands. There was a Flowing Rainbow River next to the Buddhism Branch Library. The Buddhism Branch Library covered more than $400m^2$, and had a collection of more than 7,000 volumes, including classic Buddhist sutra, Buddhist study, Buddhist art books, and Buddhist tea, vegetarian and other Buddhist life books, so as to serve the readers' demands for information on various aspects of Buddhist culture.

Besides basic books, the Buddhism Branch Library also held salons, lectures, exhibitions and other different series of activities. The salon of painting and calligraphy was held every week, and was presided over by the senior librarians with artistic talents. It was open to all interested readers. The readers could read the origins of calligraphy, or explore the landscape drawing technique. It was quiet and peaceful to draw and paint in front of the window in a small room on the hills, and that was why many readers participated in the salon of painting and calligraphy constantly. The lectures in the Buddhism Branch Library focused on the interaction between speakers and listeners. "A unique meet for never" is a meaningful Buddhist word used in the tea ceremony, and is one of the concepts of Buddhism and tea together. The "Buddhist tea meeting" lectured by a master from Tianzhong Temple was free and peaceful, talking about Buddhism and tea in two parts. Buddhist country of southeast series lectures had a theme of "origin of Buddhism in Hangzhou and Buddhist country of southeast". It invited professors from Zhejiang University to talk about the history and social impact of Buddhist culture in Hangzhou, in order to popularize the knowledge of Buddhism, and promote the Buddhist culture. The Buddhism Branch Library attempted to hold lively exhibitions to encourage citizens to participate in. For example, in the exhibition of "Heart Sutra" seal cutting works, all of the exhibits were from participants of the salon of painting and calligraphy. The exhibits were displayed on shelves, hung in space, or placed outdoor around plants, in order to give a refreshing feeling to readers.

Section 3

The Life Theme Branch Library

In 2007, Hangzhou municipal government presented urban development strategy of "capital of oriental leisure, city of life quality". As the capital of Jiangnan region, Hangzhou had a long history and profound cultural heritage. It made citizens develop a gentle and delicate lifestyle, and made them pay attention to the culture of family life. In order to serve a variety of cultural and leisure needs of the public, Hangzhou Public Library established the Life Theme Branch Library.

The Life Theme Branch Library was located in the original Hangzhou Public Library on Huansha Road. In 2011, the old building was rebuilt and renovated. Taking advantage of this opportunity, Hangzhou Public Library suggested building the Life Theme Branch Library. Taking life service as the theme, the Life Theme Branch Library provided service information and training for the public, in order to provide a learning, sharing, and communicating platform for high quality of life, and serve diversified needs of leisure culture of citizens in Hangzhou.

In July 2012, the Life Theme Branch Library was open to public. The building area of the branch library was 5, 228m^2. In addition to books, newspapers and video lending service that related to daily life and culture and others that were beneficial to the quality of life, more important thing was taking "the art of life, the artistic life" as the theme to organize a variety of theme activities that were full of cultural connotation and flavor of life and were elegant to appreciate.

Series activities planned by the Life Theme Branch Library included: trip of the tongue series activities with the theme of food experience, wine tasting series activities with the theme of wine culture, gardening series activities with the theme of planting flowers and vegetables, and flower arrangement, "knit gorgeous life" series activities with the theme of manual originality, fish interest series activities with the theme of ornamental fish appreciation, beauty salon series activities with the theme of workplace communication skills, doctors telling stories series activities with the theme of healthy life, happy photography learning club with the theme of photography techniques, travelling and photography sharing activities with the theme of travel experiences, singing for autumn club activities with the theme of Peking Opera and so on. These themes covered all areas of public life, and the library extracted cultural connotation of eating and playing from daily life, for citizens to appreciate delicate life through living a trivial life. At the same time, the citizens could gain life knowledge and skills through communication, activities and other on-site experiences, and become creators of citizens' culture in the new century.

The Life Theme Branch Library broadened the traditional services of a library, and gave a new connotation of library service. Mode of operation of branch activity was open and diverse, emphasizing a lot on creative and independent organizations. The library attracted many kinds of "life experts" to the site to share life experiences and to teach life skills and knowledge. Through consecutive activities, the library helped participants to become new "life experts". And then they would go on sharing and communicating with other readers. A healthy upward spiral channel was taking shape, reducing the distance between the library and the readers and practicing the ideals of people seeking a better life.

Section 4

The Hangzhou Children's Library

In December 2012, after rebuilding and decorating, Hangzhou Children's Library was open to the public. It created a condition for the city's children to read books, participate in social practice, and experience the diverse culture.

The new Children's Library had a building area of 6003m^2, and its open area was near 90%. It had changed in the spatial arrangement of services, from the traditional pattern of small bays to the large bays, wide open mode with reading, exhibitions, and study rooms and other functional areas all in one. The library used shelves, lighting and decorations of different colors to divide activity areas so that the readers could move freely in different areas. Multiple colors and irregular shapes were in extensive use in decoration to build a bright and lively colorful space. It upended the traditional library character which was serious. Outside there was a 2831m^2 park, and children readers could contact the natural environment at any time after reading and study. It provided them with an easy and free reading atmosphere.

Service development of Hangzhou Children's Library sought experience education of children, and launched parent-child class of "mother Ke with our childhoods", "life experience class", "sun wind" literature group, "LALA music space-time", "happy ABC English salon", "take you to fly care action", "dream stage", "animation club", summer marine science carnival and more series thematic activities that were interesting. In the design of various activities, Hangzhou Children's Library focused on participation, experience and expression of children readers, and integrated contents such as practical knowledge, skills and personal talent show, to let children become one of the main characters of different activities, so that they could enhance self-confidence, acquire knowledge, master skills, and improve their ability in aesthetic appreciation through activities.

To construct the juvenile library service system, extending service coverage was one of practice and exploration directions of Hangzhou Children's Library. In 2012, with the support from Hangzhou Municipal Education Bureau and Department of Culture, Radio, Film, Television, Press and Publication, Hangzhou Children's Library established reading service sites outside the library in elementary schools, middle schools and kindergartens, and sent paper books, digital resources and many kinds of reading activities into schools to build scholarly campuses. By 2014, there had been 26 school sites of Hangzhou Children's Library in junior high schools, elementary schools and kindergartens. The total distribution was more than 24, 000 volumes and there were 22 reading activities. It had also raised books worth more than 10, 000 RMB for schools of migrant workers' children.

Section 5

The Braille Branch Library

In June 2007, Hangzhou Public Library and Zhejiang School for the Blind cooperated to establish the Braille Branch Library of Hangzhou Public Library, with an area of 1,400m^2. It had a collection of more than 7,000 volumes of Braille books, more than 600 kinds of audiobooks, and was equipped with computers, low vision devices, point devices and other special equipment for the blind.

The Braille Branch Library published a touch catalogue and gave assistance and guidance in the lending process. It offered mailing books, borrowing books through phones, book delivery and other services. The librarians kept in touch with school teachers, and kept abreast of course progress, so that they could select relevant books combined with curriculum needs, and gave reading instructions to help students deepen understanding of the text. The Braille Branch Library analyzed the age characteristics of reader groups, and then recommended thematic books, e. g. , recommended story books to junior students and recommended computer and massage books to senior students. Students were fond of sharing reading attainments in the reading room, so the branch library set a "book list recommended by readers" to further stimulate their enthusiasm.

Having considered the inconvenience of the blind in their access to obtaining and using information, the Braille Branch Library tried to provide comprehensive advisory services, covering fields such as employment, training, learning, life and so on. In addition to on-site services, readers could also consult by letter, e-mail, telephone or any other ways.

Section 6

The Qiyuan Branch Library

In October 2010, Hangzhou Public Library and China Qiyuan, Hangzhou Branch cooperated to set up the Qiyuan Branch Library of Hangzhou Public Library.

The Qiyuan Branch Library was located on the 4th floor of China Qiyuan, Hangzhou Branch in Tianyuan Mansion. It deliberately reflected "chess culture" in the display of books and space design. In its 200m^2 space, gaming area was of bright lines, and calligraphy and painting area was classical and elegant. Professional chess book collections were over 4, 000 volumes, and displayed newspapers were more than 30 kinds. About 200 kinds of Weiqi books were published in the country each year, and the branch library tried to collect completely as far as possible. Meanwhile, the branch library also purchased original books from Japan, South Korea and other areas, helping professional players and ordinary players expand horizons. The Qiyuan Branch Library also established a special database, Weiqi database, for readers' online learning and improving chess skills.

In the Qiyuan Branch Library, readers could systematically understand the origins of chess art, and comprehensively grasp contemporary chess activity development. The Qiyuan Branch Library set up a Chinese Weiqi Library (the Qiyuan Branch Library of Hangzhou Public Library) Players Club. Chess players could learn, communicate, and improve their skills in leisure activities in the library.

Section 7

The Seal Branch Library

In 2006, Hangzhou Public Library established the Seal Branch Library. Hangzhou had a long history of seal study, and had established a status as a famous seal-city in the late Qing Dynasty. Founded in 1904, Xiling Society of Seal Arts was still the most famous seal cutting art organization and one of the most authoritative research centers. In order to inherit and carry forward the seal culture, Hangzhou Seal Museum was established in 1999.

The Seal Branch Library was the first seal library in China, constructed by Hangzhou Public Library and Xiling Society of Seal Arts together. As one of the thematic libraries of Hangzhou Public Library, the Seal Branch Library integrated collections with lending and research, providing services like reading, book borrowing and consulting for the public, and realized information sharing and unified loan and return with Hangzhou Public Library.

Book collections in the Seal Branch Library originated from Xiling Society of Seal Arts' own collection system. "Fulian Jingshe" of Xiling Society of Seal Arts collected anecdotes of counties, writings and inscriptions of scholars of the past, and research of inscriptions on ancient bronzes and stone tablets, artifacts, painting and calligraphy and other related documents. After the Seal Branch Library of Hangzhou Public Library was founded, almost everyone of seal study field would present published new book to the Seal Branch Library. By 2014, collection of the Seal Branch Library covered collection of impressions of seals by famous seal engravers, seal history, art journals, calligraphy, paintings, printed rare books and the only existing copy in the field of seal study.

As the "granary for seal scholars", the Seal Branch Library was a public platform for learning seal knowledge, spreading seal culture, and sharing seal research results. It had formed stable reader groups. Most of the readers were scholars who did professional research and had subject results. Others were seal art researchers, related practitioners and inscriptions on ancient bronzes and stone tablets seal cutting lovers, and among them there were teachers and students from China Academy of Art and Art College of Hangzhou Normal University. They often could find their dreamed information in the Seal Branch Library.

乐在其中

05

Chapter 5

The Construction of Multi-dimensional Space

In November 2012, Hangzhou Public Library hosted the 2012 annual meeting of the Library Society of China— "Public Library: the Third Cultural Space for the Public". The parallel session meeting was held on the 4th floor in Dongguan exhibition international hotel. The keynote report, *the Future of Public Libraries: the Third Cultural Space*, proposed that public libraries were never just a simple institution to borrow and return books. Public libraries could not and should not discard its cultural attribute at any time. Public libraries in the future should be the place with the most cultural characteristics of the "third space" in people's lives, and be "the third cultural space" of the citizens.

Under the view of "the third cultural space", public libraries actively adapted to the needs of evolution of modern society, taking big culture, big reading and big book flow with the core "culture for public" as service purposes, and collected and mixed many cultural styles, to improve public moral, aesthetic and intellectual quality. Public library services should get out of the single supply of documents and evolve an information fusion with books as the medium of knowledge, emotion and culture. The library encouraged readers to participate actively, so as to form an urban social and cultural activity mode with the fusion of knowledge navigation, information dissemination, education, culture and leisure, communication and exhibitions, and to create a recognized public cultural hub for city residents.

Section 1

Heart Beats with Reading

"Heart beats with reading" was planned and launched by the Literature Borrowing and Reading Center of Hangzhou Public Library. It made reading mode change from original single flat mode into a comprehensive and multi-dimensional mode through experiential reading. It emphasized the integration of reading and life, so that reading could become an attitude of life, an interactive platform among readers, authors and publishers could be established, and reading habits of the public and social atmosphere for reading could be developed. There were typical cases such as "large study, small study", "short story, big stage", "reading healing", "when art meets library" and other experiential reading activities. "Heart beats with reading" attracted readers to the library step by step, and promoted reading among readers.

The activity "the West Lake reading festival on 4. 23 World Book and Copyright Day" of "big study, small study" planned assessment activities among readers: "the best study", "the most classical study" and "the most modern study" and "the most adorable study". The library invited readers to take up their cameras to shoot their home study in photos or videos, and to write 500 words of reading experience to participate in assessments. To inspire enthusiasm of the public, the library cooperated with Zhejiang Province Branch of China Travel Service to set "Taiwan island tour for 8 days" as a reward for family of three. In a short period of time, click rate of this activity on web had reached more than 1 million. Eventually this activity selected 15 families to enter the online voting competition assessment. It showed Hangzhou people's love for books and good reading habits, and stimulated their interests in reading, effectively promoting the creation of family reading atmosphere.

"Short story, big stage: the first picture book performance contest among red scarves in Hangzhou" was an activity launched with Young Pioneers Committee in Hangzhou and Hangzhou Librarianship Foundation to cooperate with the ideological and ethical construction of minors. Though the publicity of media such as *City Express*, Children Channel of Hangzhou TV, Hangzhou network and teenagers online, the activity received positive responses and participation from more than 20 schools in downtown Hangzhou. According to the specified catalogue, students began to write scripts, prepare costumes, create music, rehearse and do other work for the contest. At last, eight plays entered the finals. In order to improve the standard of the plays, Hangzhou Public Library invited professionals to their schools to give instructions for several times, so that the plays were more artistic and ornamental. After the contest, the winning play was sent to tour around the libraries in Hangzhou, and had been widely praised. This new way of reading promotion kept reading not only in writing, but through means of performing extending to sound, image and pictures. It made readers understand the connotation of picture books and enhanced reading effect and children's imagination.

"Reading healing" activity actively encouraged readers to get out of the network, and to walk outside to share private reading feelings with other readers. "OH cards mind healing" was an activity that originated in the West. It was strange for most people in Hangzhou. The readers randomly chose 1 card from 88 guide cards and 88 picture cards respectively, and put them in a combination. And then, under the guidance of professional counselors, the readers shared what they saw, what came to mind and what inspired them from the cards with other participants. In the process of sharing, different combinations of cards stimulated participants' creativity and imagination. It promoted awareness and enhanced self-awareness, allowing the readers to explore the real minds from their ideas. At last, professional counselors recommended appropriate books for various questions.

In the process of reading promotion, Hangzhou Public Library cooperated with urban bookstores and publishers on multiple levels with its abundant social resources, bringing more reading resources to the public, and allowed more people to enjoy the pleasures of reading. In July 2013, Literature Borrowing and Reading Center of Hangzhou Public Library cooperated with Guangxi Normal University Press and invited Rao Pingru, who was 91 years old, to a book sharing meeting in Hangzhou Public Library with his picture book *Pingru and Meitang, Our Stories*. Facing the youth that were eager to get "love tips" down stage, Mr Rao used brush and text to expound his understanding of love and marriage. He told the young people, "there must be affection in love and marriage, so that the relationship would last forever". Organizing meetings of writers created opportunities for readers and writers to communicate face to face, not only for sharing the contents of books, but also for life experience collision. Readers learned experiences and enriched themselves in the meetings. With new understanding of the books, they gained new experiences and insights of reading, and turned from superficial reading into deep reading.

Section 2

Citizen Chorus

In October 2010, Hangzhou Public Library organized an amateur art team, the Citizen Chorus, which was made up of mixed and female chorus groups. Although the members were amateurs, they always trained according to professional requirements. In the atmosphere of "harmony as the soul", they praised the concept of "chorus only, no me". It has become a famous chorus in Zhejiang Province.

The Citizen Chorus enacted *Rules of Hangzhou Citizen Chorus*. Leaders of each part with the corresponding management system urged members to attend rehearsals and activities and participate in collective affairs. The chorus enacted *Professional Assessment System*, prompting members to pay attention to professional learning and training and grasp opportunities of learning, communicating and training. The chorus invited experts to strengthen music theory knowledge and vocal method of its members step by step, and organized members to participate in various performances, to upgrade to professional level. They absorbed essence of excellent works at all times and in all over the world, selected songs of different nations and different styles, and made sure that the singing of each song was professional, perfect, and harmonious.

In 2013, to commemorate the famous musician Kodaly Zoltan's 130th birthday, Hungary hosted the world choral art activity, "Budapest Musical Bridge, Kodaly International Forum and Choral Festival". 30 well-known global choruses involved in, and the judges were seven musicians and conductors from Germany, Italy, Poland, and Canada. When members of Hangzhou Citizen Chorus appeared on stage in blue and white Chinese-style costumes, the audience cheered loudly. When the first song, *The Vineyard Serenade* rose, the audience felt as if they walked into the vineyard. The second song, *The Water Strider*, was a minority song and it infected all the audience and judges. Citizen Chorus of Hangzhou Public Library finally got a gold medal.

The Citizen Chorus insisted on charity performances in Hangzhou Public Library, also participated in many social events. It won "Minjiang Cup" bronze award of the 14th China Elderly Choir Festival, a gold medal of National Choral Competition and many other awards.

Section 3

Wenlan Salon

"Wenlan Salon" was sponsored by the Literature Center of Hangzhou Public Library. It was a project presided over by common readers, including eight thematic series: foreign language learning, economic management, reading sharing, legal advice, psychological mystery, happy life, visual arts and customs.

"Sharing session of traveling around the world" was one of the "reading sharing" activities, highlighting the content of "viewing landscape, reading life". The host was a young reader in Hangzhou Public Library who worked in a foreign trade company. He was fluent in English, Spain and other languages, and was good at communicating.

Most of people who participated in "sharing session of traveling around the world" were young white-collars with travel experiences. During the preparatory stage, the library publicized on the website where young people gathered, attracting them to participate in, and invited someone with travel experience to be the leader of the salon. Readers took turns to tell their travel experiences, giving present readers a variety of different travel experiences. After a period of time, a large number of young people who were fond of traveling and willing to share gathered around "sharing session of traveling around the world". Foreigners in Hangzhou also joined actively, and the host had grown into someone who was good at organizing, planning, speaking and publicizing. Later, this activity further optimized the organization, such as arranging different people for the same site or arranging the same people for different sites, or sharing foreign films, songs postcards and special food while telling anecdotes and customs, which added more fun into activities, and inspired more people to find their own sentiment in travel. Now, the "sharing session of traveling around the world" had over 1,000 stable members, and the venue of $50m^2$ was often full. In 2012, in the Activities Design Competition Hosted by Readers which was sponsored by Zhejiang Library Association, the host of "sharing session of traveling around the world" activity was excellent in sharing and expressing. He had become a star on the competition site and won the grand prize.

With the promotion of the awareness of "Wenlan Salon", more and more readers applied for the host, and some professional institutions came to discuss cooperation. Hangzhou Public Library insisted on two basic principles: first, insisting public welfare, all the activities are free; second, insisting on no advertising, commercial marketing are banned. "Wenlan Salon" had become a public welfare service project for the library, the host (the reader) and professional institutions.

Along with the development of this salon, *Wenlan Salon* journal was born. "Wenlan Salon" activity was a platform for readers to communicate face to face, and the "*Wenlan Salon*" journal was the platform to show in graphic form. It broke the traditional boundaries between readers and editors, and let them express their passion of life in free form and content. The magazine was run by readers of "Wenlan Salon", and they were responsible for interview, photography, soliciting contributions and design. The journal was divided into spring/summer issue and fall/winter issue, containing over 10 columns, such as special interviews, salon impressions, humanity Hangzhou and readers' recommendations. At present, the *Wenlan Salon* journals were sent to superior hosts, readers, and other public libraries in China. Besides, the journals were also free displayed in coffee shops, teahouses and other leisure public places.

In August 2010, Hangzhou Public Library and Shanghai Library cooperatively organized "Shanghai (Hangzhou) International Library Forum". It was just the time when *Wenlan Salon* was first published. When the first issue was sent to the president of the IFLA, Ellen R. Tise, she was very surprised. She wrote on the title page of the first issue: "Congrats for this inspiring magazine and the joy you brought to all readers, and hope you stick to it."

After the success of "Wenlan Salon" in Hangzhou Public Library, the library extended it to other public libraries and cooperative units in adjacent areas, so that more readers could join in "Wenlan Salon". And a number of hosts walked to a wider stage through this platform.

Section 4

Public School

"Public School" was a service that Hangzhou Public Library launched to expand the social education function. The library combined with social institutions employing cultural volunteers who were enthusiastic about public welfare to popularize knowledge and skills to the public. Public School opened public welfare courses of painting and calligraphy, vocal and instrumental, drama and opera, crafts and photography, and other types, so that everyone could find their own interests here and realize their life dreams.

Yueju Opera, a popular opera in China, is good at lyrical and mainly characterized by singing. It is beautiful and elegant and is the most influential local opera in Zhejiang area. Hangzhou Public Library and Yueju Opera Education Institute organized "Ziyue School", offering public charity training courses for children's Yueju Opera performance. It was taught by professional vice-president of Hangzhou Yueju Opera Education Institute every week. He taught the children the stage walk, fingering, water-sleeves, folding fans and other opera stylized combinations. Then he taught them classical opera arias and performances. The library built a QQ group (online chat group created by Tencent) to upload content-related videos and answer parents' questions.

"Public School" invited professional lecturers from reputable training institutions, and at the same time explored training mechanism of "students today, teachers tomorrow". Librarians timely found out some participants with a particular expertise, and encouraged them to be teachers. Members who had dual identity of a student and a teacher had a strong affinity, which ensured the long-term and healthy development of "Public School". Innovative selection mechanism of teachers benefited both the library and readers. For example, A was a participant of cucurbit flute training course in "Public School", and he was the sixth generation of the Yang's Tai Chi, so later he became the teacher of Tai Chi course; B used to be a student of yoga, dance and photography class in "Public School", and now she was the school's English teacher; C used to be a participant of classic reading course in "Public School", now she was a teacher of traditional Chinese painting class.

"Public School" attracted a large number of people, and the number of training courses and the number of participants were growing continuously. Till December 2014, the school had 24 training programs, 70 courses, and more than 1, 400 participants.

Section 5

Wenlan Journal

Wenlan journal was a large-scale humanities journal launched by Hangzhou Public Library, to reflect Hangzhou city. The word "Wenlan" reflected Hangzhou Public Library's full understanding of a modern city, which had the origin of context, the history of ancient treasures and open harmonious atmosphere. The journal advocated and practiced open management pattern, actively seeking, innovating, and sticking to the heart of humanity.

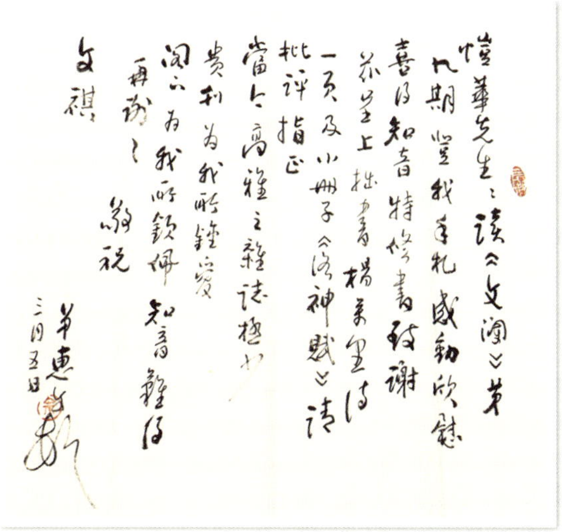

Contents of *Wenlan* journal were divided into two parts: one was the text associated with Hangzhou, and the other was text of reading discussion. *Wenlan* invited the chairman of Huabao Zhai, Jiang Shan, to be the deputy editor. Huabao Zhai, as the unit of Hangzhou Librarianship Foundation, undertook the printing of *Wenlan* free of charge. And Hangzhou Public Library bore the journals' issue costs and author royalties.

Each issue of *Wenlan* journal was about 70, 000 words, 40 pages. The authors team was a direct reflection of deep network of Hangzhou Public Library. They were in the government, salon and other humane organizations, and gradually extended to unexpected areas: from the New Zealand Chinese Association to China's Ministry of Foreign Affairs, from the only Chinese student of Hawking, Wu Zhongchao, to Li Shengshu who was the descendant of Li

E, from 100-year-old man Zhou Youguang to calligrapher Shen Peng. The journal had developed a profound friendship with scholars at home and abroad.

Since 2006, *Wenlan* journal had gone through eight years. The popularity of the journal was gradually extending from China to abroad. The contributions of *Wenlan* became more and more. Sinologists, represented by Wu Zhongchao, Zhou Suzi, and Li Shengshu, guided *Wenlan* to stand on a higher platform, and led readers to understand the Chinese culture and the humanities and look at the world.

Section 6

Chant for Autumn Club

Chant for Autumn Club was a Peking Opera fan club organized by the Life Theme Branch Library of Hangzhou Public Library and Hangzhou Peking Opera Fans Community. It was mainly made up of a group of Peking Opera fans of Cheng's performing arts, as well as Peking Opera lovers of other genres.

"Minghe, Yushuang, Yanxi, Gongjin" is the purpose of Chant for Autumn Club. Minghe means promoting team spirit so that each member could show his value in Chant for Autumn Club. Yushuang means facing all the difficulties and making use of limited resources to achieve their goals. Yanxi means enjoying the process of studying Peking Opera. Gongjin means progress of all members is the real progress.

The year 2012 was the 70th anniversary for Cheng Yanqiu creating and performing Peking Opera *Suolinnang*, and was also the 10th anniversary of Peking Opera being included in the "representative list of the intangible cultural heritage of mankind". To commemorate Cheng Yanqiu, promote Cheng's art, and let the public be closer to Peking Opera, Chant for Autumn Club performed *Suolinnang* on the stage. The actors mainly included members from Chant for Autumn Club and a band organized by themselves. They specially invited Cheng's well-known amateur actors and well-known Laosheng amateur actors from Ningbo. Meanwhile, they also invited a professional actress from Zhejiang Peking Opera Troupe to play "Xue Xiangling".

In addition to keep the classical segments and sessions of *Suolinnang*, the club displayed non-core sessions and introduced the highlight of next sessions in a form of storytelling, making it acceptable and comprehensible for all the audiences. On the

performance day, more than 400 seats were all occupied, and the amateur opera team reached the para-professional level. The third son of Cheng Yanqiu, Cheng Yongjiang, especially came from Beijing to watch the show. When it finished, he repeatedly said "Very good! Thank you very much!" He excitedly accepted the invitation of becoming the artistic director of Chant for Autumn Club.

With the successful performance experience of *Suolinnang*, Chant for Autumn Club made bold attempts. When made preparations for *Yutangchun*, the club broke the old convention of mainly performing "three departments trial", and together with masters and well-known amateur actors, rehearsed all sessions of *Yutangchun*. Mr Cheng Yongjiang gave a lecture about Cheng's art and the art career of Cheng Yanqiu in the lecture hall of Hangzhou Public Library before the show, which was a very good warm-up for the show.

Performances of all sessions of *Yutangchun* got attention of *Traditional Chinese Opera Collection* team from CCTV Opera Channel. The *Traditional Chinese Opera Collection* team interviewed Chant for Autumn Club for the performances in details. Subsequently, eight-minute documentary *Chant for Autumn Club: Fragrance of the Quintessence of Chinese Culture in Hangzhou Public Library* aired in *Traditional Chinese Opera Collection* on CCTV Opera Channel.

In 2013, Chant for Autumn Club launched a "performance plan of well-known Peking Opera amateur actors in Jiangsu, Zhejiang and Shanghai". It contacted some of the old artists in Peking Opera troupe and Kunqu Opera troupe to enlarge this club. Chant for Autumn Club was called "the voice of Zhejiang" by Peking Opera fans. It also got the award "2-star demonstration team of mass culture in Hangzhou" from cultural authorities in Hangzhou.

06

Chapter 6

The Resources Development and Service

Resource development and service is an important way to improve service quality and extend service connotation. Hangzhou Public Library actively explored and practiced in developing resources and services. One was to focus on utilization of literature information resources, relying on rich collection of resources and modern technology and taking users' needs as orientation. After analyzing, integrating, organizing and refining, the library summarized valuable knowledge information contained in literature, and provided more effective information service to users. The other one was fully using various social resources to take participation in library work and promoting innovation through a variety forms of social cooperation to play a big role in social development.

Section 1

Literature Resources Development

1. Development and Study of "Legends of the West Lake" Series Literature

"Legends of the West Lake" was originally created and spread by folks. Associated with the West Lake and Hangzhou regional lifestyle, it was a kind of oral literature. Now it referrs to all kinds of legends that history handed down in Hangzhou area. It is rich in contents, and vividly reflected local social history. It has scientific value in history, folklore, cultural anthropology and so on. Because of the limitations of oral tradition and the development of modern media, "legends of the West Lake" begin to lose the environment of living and development.

In June 2008, " legends of the West Lake" was selected in the second batch of national intangible cultural heritage list, and Hangzhou Public Library was responsible for the implementation of stewardship. Hangzhou Public Library hired experts and scholars and set up guide group of protection work and protection work committee. It made use of library resources to establish the heritage base and show platform of "legends of the West Lake", gradually recruited and trained a batch of oral heritage people, and regularly held various exhibitions, salons and story-telling activities with the theme of "legends of the West Lake". It made contents and value of "legends of the West Lake" recognized again by readers. Meanwhile, Hangzhou Public Library took this as an opportunity to actively carry out academic research relevant to "legends of the West Lake", in order to develop series literature resources in this area.

(1) Arrangement and Publication of *Stories Integration of "Legends of the West Lake"*

Only dozens of articles were well-known in the previous "legends of the West Lake", and more contents existed in the folk or scattered in various folklore texts. Hangzhou Public Library made a survey to look for oral tradition people, and recorded the story text. It also published *Collection Notice of Legends of the West Lake* to the whole society, extensively collecting information about "legends of the West Lake". Through purchase, interlibrary loan and other forms, Hangzhou Public Library collected achievements of folk literature in Hangzhou over the years. On the basis of literature, the library systematically classified all stories, selected chapters, reviewed contents, and approved the text. Finally, Hangzhou Public Library compiled documentary series, *Stories Integration of "Legends of the West Lake"*.

Stories Integration of "Legends of the West Lake" was expected to be divided into three volumes of eight books: volume I contained three books, including stories of scenic spots, names of places, and historic sites; volume II contained two books, including local productions and social customs; volume III contained three books, including stories of cultural figures and historical events. In December 2013, Hangzhou Publishing House formally published *Stories Integration of "Legends of the West Lake": Places of Interest (volume I)*; by the end of 2014, the library had completed editorial work of four books about more than 2 million words.

(2) Compilation of *Legends of the West Lake*: one of Masterpieces Series of Zhejiang Intangible Cultural Heritage

"Masterpieces series of Zhejiang intangible cultural heritage" was a cultural project in Zhejiang Province, aiming to popularize knowledge of "intangible cultural heritage" through organizing documents and publishing effectively, and to stimulate concern and awareness of the whole society. This project included all items on the national-level intangible cultural heritage list, and each item was individually compiled into a book. Many aspects, such as environment, origin, history, arts, heritage genealogy, cultural characteristics and protection were reflected. Hangzhou Public Library completed the compilation of *Legends of the West Lake*. The book introduced contemporary spread of "legends of the West Lake", studied the value of "legends of the West Lake", and recorded protection and inheritance of "legends of the West Lake". In May 2012, it was published by Zhejiang Photography Publishing House.

2. Compilation of Integrated Development Literature *Brief Biography of Zhejiang Bibliophiles*

Traditional book collecting culture had a long history for thousands of years. It flourished and became a study, and bibliophiles were one of the main parts of library culture exploration. *Brief Biography of Zhejiang Bibliophiles* compiled by Hangzhou Public Library was based on the draft from He Huaichang, who used to be the director of Department of Ancient Books in Zhejiang Library. *Brief Biography of Zhejiang Bibliophiles* was published by Shanghai People's Publishing House in 2013.

3. Publication of Library Development Literature *Tablet of Su Dongpo Expressing Loyalty*

Tablet Expressing Loyalty was a tablet edition work of the famous writer and calligrapher Su Shi (1037—1101) who lived in the Northern Song Dynasty. He wrote this work during his prime time. Not only the words were popular, but the calligraphy was exquisite. The calligraphy of this tablet was elegant and majestic, and it was one of Su Shi's representative tablet inscriptions.

Tablet Expressing Loyalty displayed in the left room of Qian Wang Temple was remade by

Chen Ke in 1557. It was also divided into four steles of eight sides, seven lines on each side, 18 characters in a full line. Unfortunately there only existed three steles of six sides now.

Tablet Expressing Loyalty collected by Hangzhou Public Library was written by Chen Ke in the Ming Dynasty. Though the original stone was damaged, and a number of words were missed, most stone rubbings were complete. It was so rare that Hangzhou Public Library listed it as one of the most important collections. Hangzhou Public Library published *Tablet of Su Dongpo Expressing Loyalty* in the same size with the original inscription and enclosed whole inscription, in order to facilitate study of calligraphy enthusiasts and researchers.

4. Publication of Library Development Literature *Ancient and Modern Brick Inscriptions Collected by Gao's Lezhishi in Hangzhou*

Brick inscription is an important category of ancient Chinese folk arts. As well as eaves tile, it is folk art treasure of clay category. Together with bones carving, bronze casting, tablet engraving and inscriptions on precipices, brick inscriptions belong to study of traditional epigraphy.

Ancient and Modern Brick Inscriptions Collected by Gao's Lezhishi in Hangzhou collected by Hangzhou Public Library was an rubbing atlas of ancient bricks collected by Gao Luoyuan. Gao Luoyuan (1886—1976), first name Shifu, courtesy name Yiqiu, literary name Luoyuan, was an early member of Xiling Society of Seal Arts. He was good at paintings, calligraphy and engraving, and was rich in collection. The atlas contained a large number of his ancient bricks, text blocks mainly, and a small number of portrait bricks. And especially several Buddha bricks were quite rare. After collecting, organizing and studying on Gao's-related literature, Hangzhou Public Library compiled and published *Ancient and Modern Brick Inscriptions Collected by Gao's Lezhishi in Hangzhou*.

Section 2

Information Resources Development and Decision-making Services

Around the aim of serving governments, serving enterprises and serving readers, Hangzhou Public Library gradually expanded its information service from decision-making information service for government departments to diversified information service for enterprises and individual readers.

1. Information Service for Decision-Making

Through *Reference Information for Decision-Making*, *Wenlan Information* and other information products for decision-making, Hangzhou Public Library provided information guarantee and service for the government, which gradually transformed into a long-term initiative and systematic service.

In 1986, *City Work Information*, the first information product of Hangzhou Public Library published. It was a weekly journal selecting information from more than 700 kinds of newspapers. It included reviews and reports on Hangzhou from outside and typical experiences and successful practices of cities at home and abroad, in order to provide reference for the government to respond to temporary matters or emergencies.

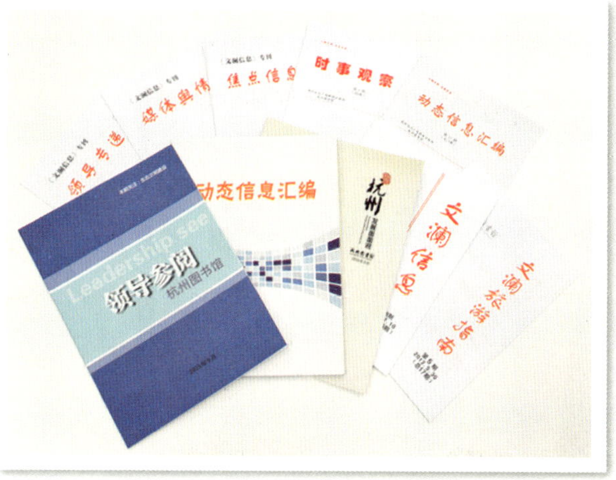

To further improve the efficiency of information service, Hangzhou Public Library gradually changed its information source from newspapers to the Internet since 2002, and edited *Reference Information for Decision-making* (*Comprehensive Version*), *Reference Information for Decision-Making* (*City Construction Version*) and others 5 versions. In 2005, the publication was renamed *Wenlan Information*. Each issue gathered relevant information and experts' comments around a theme, which were decision-making references for Hangzhou municipal government.

In 2006, according to government requirements, the distribution area of *Wenlan Information* was expanded from Hangzhou municipal governments to county governments and related institutions and libraries. Meanwhile, to satisfy the requests of some public libraries from other cities, Hangzhou public Library also organized related information for their local decision-making reference.

Starting from March 2010, the library began to participate in the editing work of *Hangzhou Information* (*daily focus*) of Hangzhou Municipal General Office. It provided new information about participating in politics for no less than 5,000 pieces every year, and became a powerful assistant for government departments to make scientific decisions. Since 2011, the library launched information service of access for "two sessions".

2. Information Service for Enterprises

Industry information products developed by Hangzhou Public Library were more than 10 kinds, mainly serving key enterprises in Hangzhou City and even Zhejiang Province.

Information Compilation was the first copy of enterprise information series, which was jointly launched by Hangzhou Public Library and Entrepreneurs' Club. The content included policy changes of national economic work, different measures of brother provinces, successful experi-ence of entrepreneurs both at home and abroad, reform dynamics of enterprises, development of new technology and new products at home and a-broad, development trend and information of

technology transfer, domestic market forecast, and supply and demand dynamics of important commodities from place to place. Meanwhile, the library published special editions from time to time so that entrepreneurs could grasp the latest information and learn about industry trends.

Hangzhou Public Library began the exploration of information "custom service" in recent years. In 2013, Hangzhou Greentown Real Estate Group Ltd. planned to develop pension industry. Hangzhou Public Library formed an information service group to find information about valuable ideas and measures of old-age care all over the world. After classifying and refining, the group formed a thematic research product, *Compilation of Situations Related to the Overseas Nursing Home*, which gained highly recognition from the readers.

3. Individual Reference Consultation

Relying on collected literature and database resources at home and abroad, Hangzhou Public Library used modern means, such as email and online consultation, to provide reference consultation service for personal research, theses writing and other research activities.

In 2009, to cooperate with information service of Hangzhou urbanology series project, Hangzhou Public Library set up an "urbanology research service team" consisting of senior researchers and foreign language professionals, to assist the urbanology researchers to be familiar with the retrieval approach. And it provided "one-to-one" service for researchers of urbanology studies in 19 cities abroad.

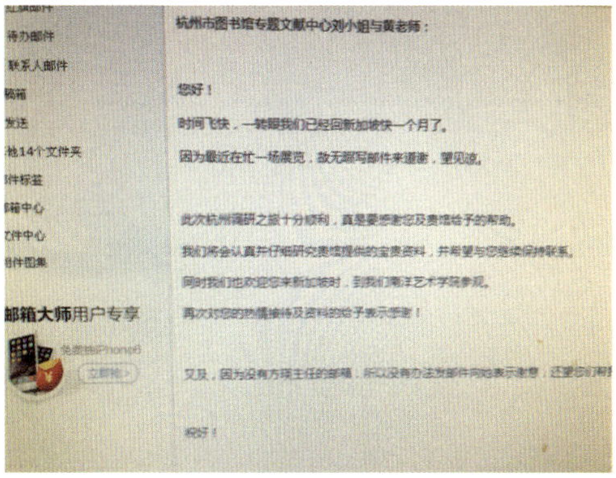

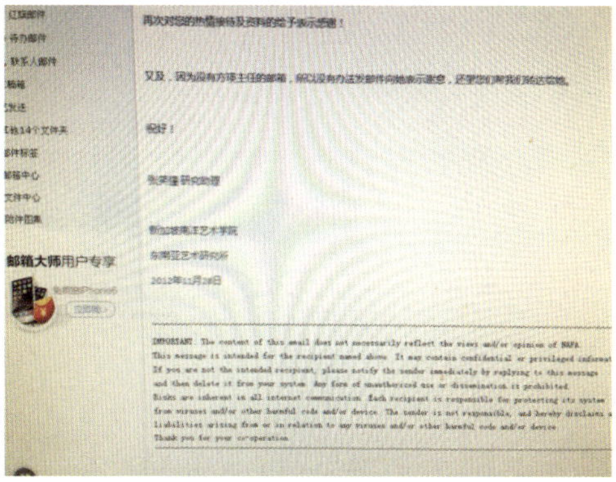

Section 3

Development of Social Resources

1. Developing Diverse Social Powers

(1) Types of Social Resources

Method of "cross-border thinking" in the environment of the Internet explored ideas for the public libraries' collaboration with the society. Hangzhou Public Library cooperated with governments, social organizations, enterprises and institutions for service management, business development and other aspects, setting up the co-construction mechanisms, innovating service methods, and enriching service projects. Through cooperations with institutions and organizations of different nature, Hangzhou Public Library widely introduced different community resources and designed a variety of service projects.

Government institutions had a large number of affairs of serving the public. If the public library could find the possibility of cooperation, it would have positive impact on the expansion of library cultural service channels by using the authority of government agencies.

Main government institutions cooperated with Hangzhou Public Library at present were Hangzhou Commission for Discipline Inspection, Publicity Department of Hangzhou Municipal Party Committee, Foreign Affairs Office of the People's Government of Hangzhou, Hangzhou Municipal Women's

Federation, and Hangzhou Municipal Health Office and so on. Thematic series lectures, such as "happy life" and "health forum", were the results of such cooperations.

Types of social institutions were various, including many creative agencies, public interest groups, news media and so on. Hangzhou Public Library was in cooperation with the social institutions like Xiling Society of Seal Arts, association of calligraphers and painters, writers' association, and Kunju troupe, as well as media like TV, newspapers, radio stations and a number of civil organizations. They launched projects like lectures exhibitions and performances, wich enriched cultural activities resources of the library.

With the progress of society, more and more large-scale enterprises paid attention to corporate social responsibility and their images. Hangzhou Public Library initiatively ascertained some corporate willingness to participate in social activities, and designed projects which were in line with the library services and the long-term interests of the company. It cooperated with security, insurance, consultation, training and education companies to launch thematic consultations, knowledge popularization lectures, thematic activities of babies' intelligence enlightenment, painting exhibitions and other cultural service projects.

Participation of individuals in public service was contemporary social civilization fashion. Through the cooperation between the library and individuals, the relationship between the library and readers was no longer simply serving and being served, but became contributors and beneficiaries who spread knowledge, promoted culture and pushed forward the library career jointly.

(2) Development Modes of Social Resources

Hangzhou Public Library integrated social resources into the social and cultural services of public libraries through a variety of ways.

1) Commission Type

The government initiatively contacted public libraries and organized social cultural activities in the forms of commission and collaboration. Generally, the government led the content design of the project and had the responsibilities such as inviting speakers and ensuring funding, while the library as the collaboration partner provided venues, documentation, logistics and other supports for the project.

In 2014, authorized by the Department of Culture, Radio, Film, Television, Press and Publication, the Life Theme Branch Library of Hangzhou Public Library hosted the "Chinese dream, the most beautiful life", a creative competition of Hangzhou citizens' life. The competition showed art by the way of life, disseminating healthy life ideas and leading cultural and creative life of the citizens. Activity funds were provided by the Department of Culture, Radio, Film, Television, Press and Publication, and the design, programming, implementation and so on were borne by the Life Theme Branch Library of Hangzhou Public Library. The library planned activities to take Hangzhou citizens as the leading roles, and designed two major sections. This competition created a colorful, happy and peaceful atmosphere of culture, and was well received by the public.

Social organizations had a variety of high quality resources, and expected to elevate social impact of their brands through welfare and cultural activities and other forms. Organizing activities in cooperation with the public libraries was one of the ways.

In 2011, Zhejiang Choral Association listed Hangzhou Public Library as one of the co-organizers for "Zhejiang old people choral competition" which was held every year. Hangzhou Public Library was mainly responsible for provision of competition venues, readers organization, as well as invitation of contest judges and teachers and so on. Each competition had more than 20 elderly choir teams, thousands of people in the province. The Music Branch Library of Hangzhou Public Library worked actively, rapidly raising its popularity in the field.

In 2013, Hangzhou Public Library cooperated with Nanjing Library, and got access to the electronic versions of Nanjing Library's Chinese and foreign classic illustrations. Hangzhou Public Library thus made exhibits, and engineered the "exhibition of Chinese and foreign classic illustrations". It sent exhibits to district and county (city) libraries, and extended exhibitions into offices and schools, making the influence of the exhibition activities of the library achieve the maximum.

In 2014, *City Express* planned and organized the "photographic illustrations exhibition of the earth revolution". As a venue of its annual art festival, Hangzhou Public Library held the exhibition. About 120 works were on display, including works from the best columnists of "literary life" of *City Express*, as well as the well-known artists in the field. During the exhibition, *City Express* reported in full-page every day, which increased the social awareness of Hangzhou Public Library.

2) Base Type

This method introduced social resources by establishing a base, and was suitable for civil public interest groups, universities and other public service institutions.

In 2012, Hangzhou Public Library introduced 12355 adolescent psychological service center, and jointly established "Hangzhou youth education base". The base and then launched a professional cultural service project to treat mental illness among young people, which was called "reading and healing". It also prescribed reading prescriptions, recommended reading lists, and encouraged consultants to find spiritual medicine by reading. This activity, as a new exploration of reading promotion, got the attention from library community.

In 2013, Hangzhou Public Library introduced Confucius Institute, and set up an education base for "reading the classics and chanting". Experts from Confucius Institute offered a course in Hangzhou Public Library every month. They taught young readers over 5 years old recitation knowledge of Chinese traditional poetries in order to cultivate children's interests in Chinese ancient culture and promote the heritage of Chinese ancient civilization.

3) Project Type

The library designed projects independently and looked for the integration of community resources. The type of project was divided into short terms and long terms. The introduction targets could be government agencies, community groups, media, enterprises and training institutions.

In 2013, Hangzhou Public Library planned and designed a high-end English lecture, " global folklore". Its theme was introducing history, cultures and customs of different countries in the world. The library reached a long-term cooperation agreement with Hangzhou People's Association for Friendship with Foreign Countries and the International Communication Office of Hangzhou Party Committee. Hangzhou People's Association for Friendship with Foreign Countries and the International Communication Office of Hangzhou Party Committee were responsible for inviting speakers and the related funds, while Hangzhou Public Library was responsible for the design of contents and activities. In 2014, Hangzhou Public Library upgraded "global folklore" to "see the world at the gate".

In 2014, in order to promote local literature and publicize the beautiful Hangzhou city, Hangzhou Public Library planned to launch a series activity of "love a culture, love a city". The library cooperated with local media which had rich local features. The media invited famous and influential hosts to form a speaker team. According to planning programmes provided by Hangzhou Public Library, they revealed the history and culture of Hangzhou from different perspectives, and appreciate local customs of Hangzhou with readers, creating a social atmosphere of "read Hangzhou, appreciate Hangzhou, and love Hangzhou". When looking for partners for the project, the library paid attention to finding appropriate partners for different contents. This mode of operation fully used resources of cooperated media, and guaranteed the dominance of the library as well.

In 2014, Hangzhou Public Library and Sinopec reached a cross-border cooperation agreement, and launched a convenience project of "book-gas stations", extending library services to supermarkets in gas stations, which had become one of the service outlets of public library service system of Hangzhou. Hangzhou Public Library delivered books and

magazines for "book-gas stations", and provided the public with book loan and return, consulting and retrieving of information resources, and other services.

The Music Branch Library of Hangzhou Public Library was one of the first batch of audiovisual accessible bases for the disabled in Hangzhou. The Music Branch Library actively contacted Hangzhou Disabled Persons' Federation and Zhejiang Provincial Foundation for Disabled persons, and cooperated with Kunqu Opera Troupe, TV stations, radio stations and various institutions. The Music Branch Library organized a series of activities.

4) Individual Type

Hangzhou Public Library provided the platform for individual volunteers to get involved in, and attracted readers with the same interests to carry out social and cultural activities together. "Volunteers Service Team", "Club of Reader Friends", "Citizen Chorus" and "Wenlan Salon" were all of this type.

Some citizens had unique expertise, special experiences or valuable collections, which would be developed by Hangzhou Public Library as a social resource. Tan Qixiao had been keen on protecting history and culture of Hangzhou. In 2011 and 2012, the library invited Mr. Tan to hold two exhibitions, which included his annual water transparency records of the West Lake for the last 30 years, his photographs of the West Lake, hand-painted scenic map, and so on. These exhibitions were not only popular with readers, but also got attention from the whole society. In early 2012, the *Distant Home*, *Travel along the Coastal Line* team of CCTV interviewed Mr. Tan, and invited him to introduce the West Lake in the episode of "Hangzhou". *Hangzhou Daily* reported Mr. Tan's love for the West Lake in a full page. Moreover, with the help of Mr. Tan, Zhang Xinhai (a map collector) donated part of his map collections to Hangzhou Public Library.

In 2013, a senior paper relic restorer, Professor Frau Mag. art. Ute Lorenz from Erfurt University of Applied Sciences donated a set of land deeds and repair reports to Hangzhou Public Library. In 2014, Hangzhou Public Library invited Professor Lorenz to give an academic report. In September, Professor Lorenz came to Hangzhou Public Library at her own expense, and held a symposium titled "identification, restoration and conservation of paper relics", in which she introduced tools and equipment of paper relics repair in Germany, identification of fixed objects, and processes of repair. Colleagues of paper relic repair in Zhejiang came to listen to the lecture. The lecture raised the level of paper relic repair within the province and promoted academic exchange in paper relic repair field between China and Germany.

2. Hangzhou Librarianship Foundation

In 2003, Hangzhou Librarianship Foundation was established. It was a foundation to promote the development of public librarianship, whose purpose was to promote library activities by collection, management and use of the community funding, integrate social resources that were interested in the cause of public welfare culture, and provide support for the development of public librarianship.

Original foundation was made up of deposit of readers' cards and donation from entrepreneurs. Board members of the foundation were mostly entrepreneurs in Zhejiang who devoted to public welfare. That's why donations from the entrepreneurs had a large proportion in the funds. In April 2014, Hangzhou Librarianship Foundation began a parallel function of Youth Reading Foundation of Hangzhou and gained 25 million RMB from Municipal Department of Finance. Since then, the administrative grant had became one of the main sources of the foundation's income.

Hangzhou Librarianship Foundation's funds were mainly used for social service network construction of libraries in Hangzhou, and for rewarding workers who had made outstanding contributions to the development of the librarianship and advanced organizations and individuals in county, district and town libraries (rooms). The funds were also used for exchanges and training in public library field. Main achievements of the foundation were as follows.

First, Hangzhou Public Library set up the Braille Branch Library in Zhejiang School for the Blind and donated dozens of optacons. A syndic unit of the foundation, Xizi Otis donated a specialized lift for the blind to the Braille Branch Library. It also supported the establishment of the Buddhist Branch Library of Hangzhou Public Library, and received a special donation of 2 million RMB from Hangzhou Buddhist Association.

Second, the foundation committed to the construction of primary professional teams.

Since 2009, it selected excellent librarians every year and had rewarded 216 librarians. In 2013, the foundation enacted *Interim Measures for Awarding Outstanding Workers of Hangzhou Public Librarianship*, and provided special funds to carry out the selection and reward librarians with outstanding achievements, which had enhanced the enthusiasm of the library management team. The foundation was also involved in the professional training of main-branch public library system and provided service training of rural libraries (rooms) for rural libraries (rooms) staff in seven counties.

Third, in 2007, Hangzhou Librarianship Foundation donated art books valued more than 300, 000 RMB to Tongwei County Library in Gansu Province, and established "art information reading room of Hangzhou Librarianship Foundation in Tongwei County, which was named as "hometown of painting art". In 2009, according to direct requirements of donators, the foundation donated books worth 70, 000 RMB to Tongjiang in Heilongjiang Province. In 2010, it donated 20, 000 RMB to Yushu Library via Charity Federation of Qinghai Province. It also donated arts, humanities and social science books worth 110, 000 RMB to the library of Yanbian Korean nationality autonomous prefecture in Jilin Province.

Fourth, in 2012, Hangzhou Librarianship Foundation with Hangzhou Working Committee for Young Pioneers, launched "short story, big stage", the first competition of picture books among pupils in Hangzhou, promoting young children's reading. It also organized an investigation of "reading status of the youth in Hangzhou".

Fifth, in 2010, Hangzhou Librarianship Foundation reached an agreement with Jianhua Foundation of the United States. Jianhua Foundation of the United States provided funds for Jiande and Chun'an in Hangzhou, assisting in the establishment of Grassroots libraries. In 2012, the foundation held the "international academic symposium on public library services and social education" with Evergreen Education Foundation of the United States. In recent years, the foundation successively funded 10 librarians to work or study as exchange librarians in city libraries or university libraries in Ireland, Russia, Sweden, the United States, and Germany. Meanwhile, 9 foreign librarians came to Hangzhou Public Library for work exchange for a month.

07

Chapter 7

The Expansion of International Exchanges

In recent years, under the background of rapid development of international cultural exchange, Hangzhou Public Library was active in the international library community. In 2003, Hangzhou Public Library joined the International Federation of Library Associations and Institutions (IFLA). In 2009, Hangzhou Public Library joined the largest library cooperative organization in the world, OCLC, becoming one of its administrative members in Chinese mainland. In 2011, Chu Shuqing, the chief librarian of Hangzhou Public Library, was appointed as a standing committee member of Ancient Books and Manuscripts Committee of IFLA.

Section 1

Multiple Cultural Exchanges

1. "The Image of the West Lake"

From 2011, Hangzhou Public Library had carried out book exchange activities with 4 overseas city libraries, and had set up book exchange zones of "the image of the West Lake" in their libraries, to carry out various cultural exchange activities. "The image of the West Lake" aimed to show achievements of culture and construction in Hangzhou and China to the world through the exhibition of books and related cultural products of Hangzhou local culture.

Based on 6 themes— "performance art", "calligraphy and painting", "literature works", "music instruments", "arts and crafts" and "city development", Hangzhou Public Library carefully selected bilingual books and audio gifts with rich Chinese flavor and Hangzhou style to present to foreign libraries. Foreign libraries listed all their books into online retrieved system of Hangzhou Public Library, for international readers to gain information conveniently. Meanwhile, Hangzhou Public Library showed a variety of documents of traditional culture about China and Hangzhou, displaying Chinese culture in all aspects, and showing natural landscapes, urban constructions and cultural outlook of Hangzhou.

Let's take Indianapolis Public Library of the United States for example. In the showcase of "city development", there were old photos of Hangzhou, albums of the West Lake, and series books. In the showcase of "calligraphy and painting", there were thread-bound ancient books, inscription rubbings, the four treasures of study of China and other books. In the showcase of "literature works", there were works from Zhejiang writers and traditional classics. In the showcase of "performance art", there were Chinese ancient clothes and books about Peking Opera and so on. In the showcase of "arts and crafts", there were Chinese fans, screens and other folk crafts and books. In the showcase of "music instruments" theme, there were national musical instruments and related books.

2. "Global Folklore"

In 2013, Hangzhou Public Library began to organize series lectures "global folklore". It started with lives around the world to show social customs of different countries. This plan received supports from International Exchange Center of Hangzhou Foreign Office, which actively invited consul generals in Shanghai and cultural officials to lecture in the library. Until the end of 2014, series lectures "global folklore" had been organized nearly 20 times, describing customs of Australia, the United States, Italy, Spain and other countries. And the library also encouraged the participation of foreign teachers and students in Hangzhou. The library had held various activities, such as "the swing of culture concept in Australia", "appreciation of native Brazil music: Bossa Nova", "why Italian romance is stronger than French romance", "7 historical moments affecting the fate of the United States", "image interpretation of the opening ceremony of 2012 London Olympic Games", and "wine tasting of Hungary".

In July 2013, Laszlo Kuti, the consul general of the Consulate General of Republic of

Hungary in Shanghai, Zhu Zushou, the former ambassador of the Embassy of the People's Republic of China in Republic of Hungary, and Liu Wenqing, the former cultural counselor of the Embassy of the People's Republic of China in Republic of Hungary were interviewed in 7th edition of "Hungary part" in the "global folklore". Laszlo Kuti thought that Hungary didn't belong to the West or the East, but it possessed Eastern and Western styles. Zhu Zushou said Hungarian were Chinese relatives in Europe and culture spread sowers of Asia's identity on the continent. Liu Wenqing told the story of his mingling with Hungary basing on his experience of more than 20 years in Hungary. Three witnesses of Hungary culture interpreted Hungary from their own visions.

3. Show of Exotic and Colorful Culture

In 2011, contemporary media art exhibition "light from the light" Co-hosted by Hangzhou Public Library, Australia Embassy in the People's Republic of China and Multimedia Art Center of Asia Pacific was held in Hangzhou Public Library. The exhibition included 11 works of modern art with the theme of "light", exploring the meaning and characteristics of light. In the same year, Hangzhou Public Library and the United States Embassy jointly organized a photographic exhibition— "status and the landscape of the United States" for a Chinese American photographer Hu Mingyong, displaying more than 70 representative works. Around the theme of "Asian residents in the United States", it showed current living states of ethnic Chinese in the United States.

In 2012, Hangzhou Public Library, Japan International Exchange Foundation and Japan Chihiro Art Museum held an exhibition of *Totto Chan: The Little Girl at the Window* of a

Japanese artist Chichiro Iwasaki. *Totto Chan: The Little Girl at the Window* is a work of childhood experience of a famous actor, goodwill ambassador of the United Nations Children's Fund, curator of Chihiro Art Museum, Tetsuko Kuroyanagi. Cover paintings and illustrations of the 37 works introduced *Totto Chan: The Little Girl at the Window* and charm of Chichiro Iwasaki's works to readers in Hangzhou.

In 2013, Hangzhou Public Library established relations of friendship and cooperation with Indianapolis Library of the United States. Under the joint efforts of sister cities association of Indianapolis and Hangzhou, "impression exhibition of Indianapolis" was launched in Hangzhou Public Library. Through photo exhibition, theme salon, book exhibition and so on, it introduced elements, scenes and atmosphere of this "sports city", Indianapolis to Hangzhou people. It was an international cultural exchange facing Hangzhou people, and also a 5th anniversary commemoration of the relationship of sister cities. It showed the active role of Hangzhou Public Library in international cultural exchange. It revealed public library had become a platform for international cultural exchange, receiving a best innovation award of "2014 Sino-US Sister Cities Conference".

Section 2

Professional Academic Exchanges

1. Parallel International Exchange

In June 2011, chief librarian Chu Shuqing of Hangzhou Public Library participated in "Next Library 2011 International Conference" in Denmark. He discussed the future development direction of libraries and experiences and practices in the performance evaluation of libraries with other participants.

In April 2012, librarians were sent to Australia and New Zealand to participate in "Sino-Australian Digital Library Seminar" and "Sino-New Zealand Digital Library Seminar". Experts discussed development trends of digital library and how to promote the development of digital library.

In July 2012, librarians were sent to Japan to participate in "Thematic Working Meeting of Exchanging" organized by Japan International Exchange Foundation. They talked about special activities of foundations throughout China and shared experiences.

In August 2012, chief librarian Chu Shuqing of Hangzhou Public Library and representative librarians went to Finland to participate in the 78th IFLA Conference. They communicated with members of international library community.

It August 2013, chief librarian of Hangzhou Public Library and representative librarians went to Thailand for the meeting of IFLA in Bangkok and later to Singapore to participate in the 79th IFLA Conference. Around the theme of "Future Libraries: Infinite Possibilities", they discussed with participants about changes and responsibility of libraries in the ever-changing society, and investigated the mechanism of the local public libraries and reading promotion among citizens.

In June 2014, librarians were sent to the United States to participate in annual conference of American Libraries Association. They got latest news of American library community, and learned advanced experience from American peers.

In August 2014, chief librarian of Hangzhou Public Library and representative librarians went to France to attend the 80th IFLA Conference. They professionally discussed around the theme of "Libraries, Citizens, Societies: Confluence for Knowledge".

In 2014, Madelene, a student of library and information science in University of Borås, Sweden, got scholarship from Swedish International Development Cooperation Agency (Sida) to carry out a "small field study". Madelene intended to use the scholarship to carry out field research, and chose Hangzhou Public Library as the object of her study. Madelene said that she once read an article, in which there was a speech made by the chief librarian of Hangzhou Public Library in a library conference. She was impressed by his description of Hangzhou Public Library and was eager to enter Chinese public libraries, so she came to Hangzhou Public Library. In Hangzhou Public Library, Madelene interviewed 7 frontline librarians, and they discussed about roles, functions and understanding of public libraries, as well as views and attitudes on readers. The past studies of LIS research in Sweden lacked non-Western perspectives, and Chinese library research was completely blank. So Madelene's research was of historic significance.

2. Forums of World Focus

In 2010, Hangzhou Public Library hosted the Shanghai (Hangzhou) Library International Forum. The theme of the forum was "urban life and library services", and it attracted more than 300 experts and scholars from more than 20 countries, such as the United States, the United Kingdom, Russia, Sweden, Singapore, Japan, Czech Republic and Slovakia.

In 2012, Hangzhou Public Library cooperated with Evergreen Education Foundation of the United States, and jointly hosted the "international academic seminar of services of public library, school library, civil library, and social education". Around the theme of "library as social education center", the seminar discussed responsibility and mission of libraries in the background of global information integration from multiple angles, such as "innovation and creativity", "reading and literacy", "service for special groups", "library cooperation modes", "library assessment" and so on. Attending guests were more than 260.

These two international forums attracted the attention of the world, and several libraries expected further exchanges and cooperations with Hangzhou Public Library. The library of University College Cork in Ireland, Stockholm City Library in Sweden, Nekrasov Library in Russia, Indianapolis Library of the United States and several other international friendly libraries joined in the cooperation, creating preconditions for long-term international exchanges for Hangzhou Public Library.

平民图书馆
市民大书房

第四届文化部创新奖
多终端全方位数字服务平台—文澜在线

有奖竞答活动

08

Chapter 8

The Exploration of Digital Services

With the rapid development of the Internet in the 21st century, digital information services have become part of the daily services of the library. After a full investigation, Hangzhou Public Library took the website as a starting point, and eventually explored and advanced in the direction of wisdom library after digital library and mobile library.

Section 1

Embryonic Stage of Exploration

In April 2002, Hangzhou Public Library formed a construction program of the website, setting the framework and designing the homepage, inside pages and services columns. Meanwhile, the library purchased a few economical and practical compatibles as the first batch of servers and storage devices. From website design to graphic layout, from column scheme to information filling, from functional use to website testing, "Wenlan Online" website came into being after two weeks of hard work. Starting with this, the library promoted the transition from traditional library to a modern service type.

After the completion of "Wenlan Online", Hangzhou Public Library extended its services to Grassroots libraries. Computers in the e-reading rooms of each county library was linked to the website of Hangzhou Public Library. In the following years, Hangzhou Public Library continuously performed the digitization of collections about Hangzhou local scenery, and bought multiple databases such as CNKI, Digital Edition of *Hangzhou Daily*, and Tianfang Audio Library, further enriching digital resources and expanding website services. "Wenlan Online" was revised and improved gradually. Keeping up with the information technology developments, the website timely integrated Web2.0, introduced interactive features, and opened up social networking channels. The website of Hangzhou Public Library had entered a stage of stable development.

www.wenlanonline.com 杭州图书馆 文澜在线 www.wenlanonline.com 意见簿

2003年2月25日

我的图书馆
远程咨询
公众论坛
数字资源
书生全文图书
数字图书馆 帮助
艺术欣赏
绘画天地
陶瓷艺术
连环画
漫画艺术
中国印石
文化杭州
杭州摩崖石刻
杭州籍两院院士录
一九二九年的西博会
西湖名人故居
西湖古今揽胜
杭州扇文化
杭州特产
杭州老字号
杭州风俗
西湖民间传说
民国杭州旧闻
文史天地
图书馆学
2002 中国杭州 西湖博览会
重庆图书馆

每日动态 文化动态

本市文化动态

- 杭州大剧院用上飞机材料
- 记者暗访：裸体体操碟片流入杭州市
- 红磨房尝试另一番演出的滋味
- 杭州市政协八届二次会议胜利闭幕
- 杭城艺术国际交流日渐频繁
- 红星剧院开设画廊艺术接触大众更多去处
- 孩儿巷一古宅可能是太平军王府
- 浙江省第九届戏剧节在杭州颁奖
- 杭州市区历史文化遗产核查成果公展
- 市政协举行文艺晚会

第七届中国艺术节 The Seventh China Art Festival

国内文化动态

- 浙江农民乐于花钱“买”精神生活
- 越剧《藏》热卖的启示
- 小百花回“故乡”推“小花”
- 弘扬和培育民族精神是文化建设极为重要的任务
- 上海马戏团率先开始“公转民”体制改革
- 山东梁山旅游开发侧重文化挖掘
- 吉林：文化事业单位将全员聘用
- 海南文体厅酝酿：5年做大做强海南文化产业
- 文化的吸引力与感召力
- 潮州音乐演奏会将在京举行
- 广西仫佬族文学异军突起
- 北京“国家大剧院”戏剧场封顶 明年竣工
- 贵阳大剧院工程全面启动
- 湖北省决定兴建湖北艺术馆
- 国内首家“世界婚俗博物馆”将现大连
- 南京明文化村开门迎客
- 中国加强“扫黄”“打非”净化市场维护知识产权
- 中影请导演吐苦水 冯小刚呼吁建电影分级制度
- 近三百位演员同台演出 梅葆玖古稀之年演杨贵妃
- 2003年琴有独钟 钢琴大腕挨个到京城
- 中央电视台召开2003年春节联欢晚会研讨会
- 东北人荧屏较劲 《希望的田野》播出
- 电视剧捧阔成风
- 续集名著偶像剧--羊年电视剧“三热”闹市场
- 原创舞剧“造船出海” 《野斑马》跃向国际舞台
- 样板戏《沙家浜》上演“风流版” 震惊文化界

国际文化动态

- 中国民族艺术魅力十足两台好戏演热洛杉矶
- 内蒙古艺术团泰国受欢迎
- 《澳洲华文文学丛书》悉尼首发 中国驻悉领事出席
- 记述华人沧桑史《成为美国人》下月PBS播出
- 第45届格莱美奖揭晓 诺拉琼斯获八项大奖
- 班艾伏列克新片《夜魔侠》蝉联北美票房冠军
- 梅丽尔．斯特里普在法国大丰收 一举获双奖
- 《战地琴人》法国凯撒奖上勇夺六项大奖
- 新人辈出格莱美 能否拯救世界唱片业
- “流行教主”评选 滨崎步不敌新美嘉

本馆动态
本馆多媒体阅览室今日起开放
“民俗旅游书店”专题图书展

读者指南

足不出户

杭州指南
◇市内交通 航班预告 列车时刻
◇邮政编码 西湖十景 宾馆饭店
◇影视速递 房产聚焦 求学指南

原创文学
原创文学
之江文学

省委书记
K省纪事
全球第一女CEO
新书架

物流整合追求速度效益
深圳商贸再现“深圳速度”
广东物流用地可享受政策优惠
中国物流产业发展进入大规模实际运作阶段
参考信息

国内知名报纸
人民日报 解放日报 新民晚报
文汇报 深圳特区报 粤港信息日报
浙江日报 杭州日报 羊城晚报
西安晚报 解放军报 大公报
报纸阅读

国内外知名图书馆
中国国家图书馆 牛津大学图书馆
上海图书馆 澳洲国家图书馆
广东中山图书馆 法国国家图书馆
香港中央图书馆 荷兰国家图书馆
台湾图书馆 美国国会图书馆
网络导航

中国浙江-杭州图书馆
地址：浣纱路254号
电话：0571-87065679
邮编：310006

本站内容有些摘自各大网站及书刊资料，如有版权问题，
请Email：webmaster或请致电：0571-87065679-8813
本站将立即作出相关处理。［文澜在线］工作室 2002年

请用1024*768浏览 040389

杭州图书馆
平民图书馆 市民大书房
文澜在线
欢迎访问今天是:
首页
本馆概况
一证通读者服务
特色资源
电子文献
文化动态
文澜论坛
业界博客
意见箱
文澜在线
您的关注，您的建议，是对我们最大的肯定！
欢迎您进入“文澜在线”新版网站——杭州人自己的数字图书馆！
文澜公告[公告 讲座 活动预告] 更多...
感恩父爱
——父亲节，让我们大声说“老爸我爱你”
杭州地区公共图书馆动态
杭州图书馆"自助消费"系统启用
更多
以史为鉴 珍惜人生---谈几个历史人物
本市文化动态
更多
国内文化动态
更多
图片新闻
公益讲座信息
“文澜大讲堂”
“幸福人生”
讲座安排一览表
----杭州指南----
-----图书馆-----
-----报 纸-----
学人手泽 典藏传世
向社会各界征集签名文献
杭州图书馆博文专修学校培训项目简介
爱心公益培训计划
捐书倡议书
我要对电子资源建设及使用发表意见
音乐俱乐部会员申请
名家且留下
首批名人名家入驻西溪创意产业园
印象西湖
我的帐户
杭图读者财经信息查询
杭州图书馆读者使用指南
新书通报查看
开馆时间/公交线路 楼层平面图
联合参考咨询平台
专家帮忙找书 文献远程传递
讲座视频
浙江网络图书馆
江干区图书馆
荐书
共享知识 启迪智慧
文澜在线域名调整启事

Section 2

Digital Library of Triple Play

In February 2010, Hangzhou Public Library proposed a special application to Municipal Government for the integration of broadband metropolitan area network (including wired and wireless), mobile digital TV network, and mobile multimedia network in Hangzhou, in order to construct digital library of "triple play". The library invited 7 experts and professors from National Library, Shanghai Library, Zhejiang Library, and Zhejiang University Library to discuss and assess feasibility construction of Hangzhou Digital Library in the environment of triple play. The experts thought that the technology conditions were already ripe, and system interfaces of mobile platforms and television platforms had a good compatibility with existing system of the library. As a result, it was able to achieve basic functions of cross-platform and multi-terminal digital library in triple play environment. Meanwhile, construction mode of the digital library in triple play environment would combine effectively with all media and public cultural service system, which was groundbreaking, innovative and of promotional value. It could improve service environment for users accessing to library and embed library services in people's lives.

In July 2010, technology framework of Hangzhou Digital Library was completed. After 3 months of resource integration and 2 internal tests, in October, Hangzhou Digital Library entered test run phase. In

December, Hangzhou Digital Library, "Wenlan Online" officially came into use. It was a multifunctional information resources platform of learning, recreation and leisure, research exchanges, including 3 platforms of website platform, mobile platform and digital TV.

1. Website Platform

Information services provided by the website platform are completed by of three servers, respectively for web publishing, multimedia, image management, and database management. This model is conducive to data storage and access management. For data security, the servers are stored in the computer room of Hangzhou Huashu Netcom (a national new media operator among the first phalanx of new media industry). Together with purchased multimedia video resource, it accesses to VPN lines and the Internet of the library above hundreds of megabytes, through the three-layer switch, CISCO 3560G, for external interaction.

The whole website is implemented by .NET framework, taking XML international standards as the interface specification of data exchange. It uses user authentication interface of the library system Interlib, and OPAC interface of bibliographic retrieval system, customizing user's personal library and bibliographic query capabilities.

The website platform of Hangzhou Public Library has 10 columns, such as resource retrieval, reference service, reading recommendations, audiovisual area, micro-blog interaction and others. It provides 50.38TB of digital resources, including outsourcing database, self-building database, digital publications as well as TV shows, movies, variety shows and other audio and video resources. In 2009, Hangzhou Public Library became the first administrator member of OCLC.

2. Mobile Platform

Mobile platform of Hangzhou Digital Library has one server, which mainly provides mobile information services based on WAP. The platform implemented the application of wireless mobile communication technology in the library. Users can use GPRS or Wi-Fi on smart phones, tablet PCs and other mobile terminals for access to library mobile platform, and enjoy mobile reading, renewal, bibliographic query, information transmission and other related services. Reading columns of online reading platform provide about 3, 000 kinds of digital popular cultural magazines, which are updated in time. Digital magazines have a smart mode and a simple mode. The simple version provides text contents, while the smart one includes images and texts chosen by users.

3. TV Platform

Digital television service of Hangzhou Digital Library is completed by five servers, and each server is equipped with four Gigabit network cards. Three web servers and two database servers implement application through 4-layer load balancing, to enable access through signal converter and interaction on demand for digital TV users. Digital TV platform combined features of TV information spreading and watching, and had columns such as bibliographic retrieval, personal space, reading recommendations, television magazines, audiovisual area, and activity information. This made it easier for users not only to know about the activities of the library at home, but also to watch audiovisual resources of the library through digital video on-demand. Audio-visual area provided a wide range of audiovisual resources, such as science and education videos and popular cultural television magazines.

Digital library based on "triple play" had two breakthroughs. First, it was a free and open library with digital resources around the clock and without any limitations and registrations to people from everywhere. Second, it set up a digital library integrated multiple terminals and full range digital services through community collaboration. In 2012, the digital library "multiple terminals and full range digital services platform—Wenlan Online" won the innovation award of Ministry of Culture.

Section 3

New Media Platforms in Experiencing Era

In the environment of network communication covering the society, as the information centre, libraries must use the Internet to provide multi-dimensional services. Hangzhou Public Library made use of new media platforms such as micro-blog, WeChat, as well as third-party APPs, to build a colorful propaganda and service window. In December 2010, Hangzhou Public Library launched its official micro-blog, letting more people begin to pay attention to and use the library. Through the micro-blog, the library interacted more with readers, and explored new channels for active service. Micro-blog became an indispensable service assistant to readers.

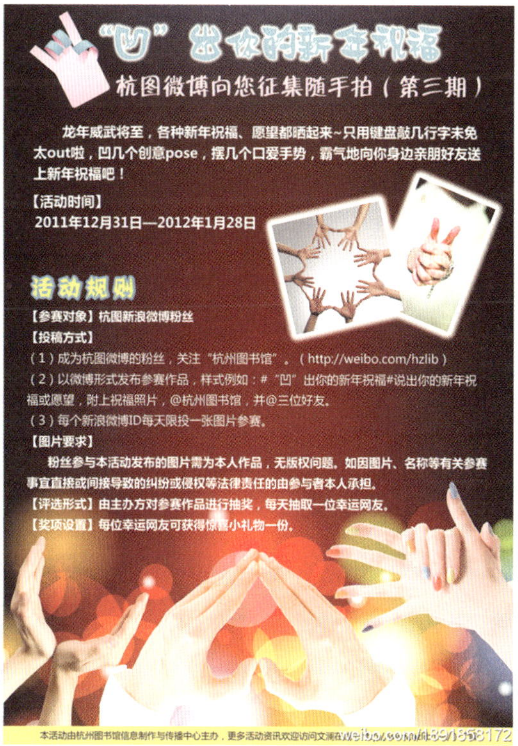

Micro-topics and micro-activities are effective promotional tools. The official micro-blog of Hangzhou Public Library selected topics related to business of the library, and made use of hot topics to promote collections and services of the library. For a micro-blog event, it used the format of "#subject#" to report the whole activity, which was also easier for readers' participation. When a book review or a book recommendation was published, it would @ the author. When celebrities were invited to hold lectures or to be activity guests, it would post notices, publicity and report, and at the same time @ the speakers, guests, or cooperative agencies.

Planning various forms of online activities is a common method to attract "fans". During the Spring Festival of 2012, Hangzhou Public Library launched the activity of "post your New Year wishes, official micro-blog of Hangzhou Public Library is soliciting your snapshots". From online to offline, this activity attracted enthusiastic participation from more than 200 "fans".

Hangzhou Public Library set up "micro-activities" and "diffused" all the information of cultural activities on the network. It opened exclusive page for activities, and "fans" could also directly share photos and leave a comment on this activity page. The administrators could invite specified "fans" to participate in activities through "micro-activity" page. The background supported statistics of participants, facilitating administrators mastering the process and effect of the activity in real time. Upholding the principle of "where there are fans, there are services", the number of comments and reposts on micro-blog of Hangzhou Public Library remained in the forefront of public libraries in the country. Based on the project of "find libraries next to you" on micro-blog, Hangzhou Public Library was listed in Top 10 of 2014 IFLA marketing award.

Winner, finalists and top ten projects of the 2014 IFLA International marketing award

[TOP 10] Hangzhou Library, China

Marketing Content: Hangzhou Public Library service concept map the distribution of Hangzhou library and 312 service points, Hangzhou library activities and services, electronic resources, digital libraries, Hangzhou, and allow users to more easily and quickly found around the library, the library community to understand concerns and actively use it

Target users: Internet, mobile libraries of potential user groups on the Internet.

Objective: To spread the concept of library services in Hangzhou, tap the potential library users, especially active in the Internet, mobile Internet user groups, real-time to understand the real needs of users, user groups library polymerization, forming a virtual interactive communities, marketing Hangzhou library services, library services to deepen capabilities in order to better realize the value of libraries to enhance the user's information literacy readers and expand the social influence of the library

Target: By "found around the library," The marketing programs, making the amount of the Hangzhou-based business services of public libraries, such as trips to borrow, borrow books times digital library page views, downloads and other electronic resources has increased significantly in all aspects of data , Hangzhou and Hangzhou Library Digital Library Weibo (similar to twitter) the number of users and visits would be enhanced social influence to further expand the library, so that more and more people understand the Hangzhou public library and get books Museum of help

In January 2014, the official WeChat of Hangzhou Public Library was online, opening the social WeChat service of Hangzhou Public Library. On March 26, 2014, the official WeChat completed the official certification. (Through promotional activities of QR code links, offline activity posters, and websites, by December 2014, the cumulative users had reached 10,747, ranking forefront among public libraries). In June 2014, individual library function was online on WeChat platform, marking applications of personal library services in mobile phones and greatly facilitating bibliographic retrievals, renewals and reservations of users.

Official WeChat of Hangzhou Public Library published library activities, book recommendations, knowledge sharing and other information on a regular basis, allowing users to learn about updates of the library immediately. It also enabled users to timely interact and communicate with the library, while the library could also understand the user's thoughts and needs.

The Internet era is the era of cooperation and cross-border. Under the guidance of this concept, Hangzhou Public Library cooperated with a number of local third-party APP platforms. These companies provided technology platform, while the library provided contents of activities, in order to realize mutual benefit and achieve a win-win situation.

Section 4

National Project of Sharing Promotion

As Hangzhou Branch Center of National Cultural Information Resources Sharing Project, Hangzhou Public Library cooperated with the provincial library to implement the sharing project from four aspects, namely construction of public electronic reading rooms, construction of digital resources, publicity and promotion, and training.

1. Construction of Public Electronic Reading Rooms

By December 2014, Hangzhou had completed construction of 427 public electronic reading rooms. According to the requirements of the Department of Culture of Zhejiang, newly constructed and upgraded grassroots, service points installed unified management software. Led by Social and Cultural Office of Department of Radio, Film, Television, Press and Publication, Hangzhou Branch Center completed random inspection in public electronic reading rooms of districts and counties (cities).

2. Construction of Digital Resource

By 2014, Hangzhou Branch Center of National Cultural Information Resources Sharing Project had purchased 33 databases that were free and open to all citizens in Hangzhou. According to statistics, the time of log on was 1,053,304, the time of pageview was 8,752,168, and the time of download was 975,151. It also shared 4 databases with the Province Center, namely VIP journals, Wanfang Data, Tianfang Audio Database and International Video Digital Library.

Meanwhile, based on collections of Hangzhou Public Library and local features, the Hangzhou Branch Center had built resources of local characteristic. By December 2014, Hangzhou Branch Center had provided 14 self-built digital local resource databases for users.

Hangzhou Branch Center participated in the project "Digital Humanity Map of Zhejiang Province", and completed basic construction of celebrity database and local history database of Hangzhou. The capacity of the celebrity database was 4GB, and the local history database was near 62GB.

3. Publicity and Promotion

Hangzhou Branch Center launches a variety of publicity activities every year, initiatively sending resources and services of Cultural Information Resources Sharing Project and Hangzhou Digital Library to public. The following is the main activities.

(1) How much do you know about digital library

Based on the contents of Hangzhou Digital Library and Zhejiang Network Library, the center publicized and promoted practical digital resources to the public. Through materials, question-and-answer competition, and on the spot guidance, readers knew about functions, resources, and use method of Hangzhou Digital Library and Zhejiang Network Library fully. By reading the information and experiencing, readers felt the richness of digital library resources and the convenience of access.

(2) **Promotion Project of National Digital Library**

In the process of conjunction with the "Promotion Project of National Digital Library", Hangzhou Public Library provided users with the same digital resource service of National Library through VPN after a VPN connection and test with Zhejiang Library. From 2012, Hangzhou Public Library had cooperated with National Digital Library to promote thematic events every year, such as "reading online for the Spring Festival" and "public culture class on the air".

4. Training

Hangzhou Branch Center has the following two kinds of training.

(1) **Basic training of digital culture lecturers**

By December 2014, Hangzhou Branch Center had held 20 offline training activities, and served about 2,000 people. One of the activities was called "digital share 1 +1". It used interactive mode at the scene. The lecturer designed the scene first. Then he or she would demonstrate the use process of specific database with library volunteers, allowing the spectators to participate in interaction and get direct access to practical experience. Hangzhou Public Library also cooperated with district and county libraries, and held training activities on different community squares. The activity included question-and-answer and animated videos mainly and used sound to attract readers around in order to find readers with potential needs.

(2) **Further education of professional skills**

Hangzhou Branch Center provides further education of digital resources professional skills for 40 employees from county-level branch centers every year. The form of education was different from the traditional teaching method, and emphasized interaction and exchange between students.

Section 5

Deepening Interaction of O2O Services

O2O pattern represents Online to Offline, specifically refers to the fact that online services or purchases drive offline businesses and consumption. O2O pushes offline messages to online users by service reservations, discounts, providing information and so on. As a result, it converts online users to offline customers. With the transformation and development of future library, Hangzhou public Library uses third-party social networking platforms for online promotion to attract users, and drives more users to enjoy offline entity library services, such as borrowing paper books, participating activities of entity libraries and so on. In 2014, Hangzhou Public Library launched a series of O2O service, further enhancing the public influence of WeChat platform, quickly gathering user communities, and deepening the interactive services of social platforms.

1. Books Recommendation Online

Hangzhou Public Library uses new media platforms such as micro-blog and WeChat to gather users' requirements. The users recommend a book on micro-blog, WeChat and micro-communities. After the information is collected every week, managers of micro-blog and WeChat will hand over the information to related departments for procurement and cataloguing. When the book enters circulation, the library will notice the reader who recommended the book. This method not only meets user's personalized needs, but changes online users to offline readers.

2. Interaction of Online and Offline

Micro-interview is an interview application based on the third-party application platform of Sina micro-blog. Unlike traditional interviews, all the questions of micro-interview are from ordinary netizens, and are answered directly by the invited guests. Though netizens cannot come to the library, they can also communicate with guests online. As an extension service of official micro-blog of Hangzhou Public Library, micro-interview expands the scope of information interaction between users and the library. It formed sharing of experiences and views, and triggered more media to pay attention to the library. The library also publishes the news of offline events online, such as book collection and recommendation, gradually attracting netizens with interests about similar topics into the entity library.

3. Photo Printer of WeChat

Hangzhou Public Library bundles photo printing service with WeChat. After users focus on the official WeChat of Hangzhou Public Library, they can send photos to print out.

First, users use scan function on WeChat to scan the QR code on the printer, and when the page goes to WeChat of Hangzhou Public Library, click on "focus on". They can send a photo from a cell phone to the WeChat of Hangzhou Public Library, appropriately cut the photos according to the tips, and then enter a validation code on the printer screen. After about 1 minute, photos from cell phone will be printed out. Currently, each user can print 4 pictures a day for free.

From starting operations in August 2014, the printer has printed about 10, 949 photos and increased nearly 5, 000 users. This service allows users to take entity photos of good memories home at the same time with borrowing books, which is well received by users.

Section 6

Infinite Possibilities of Future Imagination

In 2012, Hangzhou Municipal Government promulgated *Overall Plan of "Smart Hangzhou" Construction (2012—2015)*, proposing an objective of "smart Hangzhou". It demanded integration of digitization, networking, intelligence, industrialization and urbanization by 2015, to significantly improve urban functions, efficiency and quality of life and enhance the competitiveness of urban development. Hangzhou Public Library implemented the project of "smart library", which was based on digital library. It took construction of public service platform of Hangzhou smart library as the starting point, and embedded new forms of public cultural services in it, building culture services of smart community and offering knowledge services for smart economy, in order to construct a smart learning platform for citizens' lifelong education and offer information infrastructure for the construction of smart city. The project consisted of three parts, namely smart community library, knowledge service library in high-tech zone, and smart learning system.

1. Smart Community Library

The 24-hour unattended public cultural experience zone was selected as the main form in smart community. It had seven parts, namely traditional reading space, multiple-form digital reading room, digital experience space, popular science learning space, cultural and leisure space, interactive learning space, operation and exhibition space.

The whole experience area was designed as modules, respectively composed of electronic equipment, furniture and plants. With soft separation method, the layout of the space could be adjusted at any time, to accommodate a variety of learning, recreation and activity environments.

2. Knowledge Service Library in High-tech Zone

Hangzhou Public Library relies on its own resources to build a smart service cloud platform. Through the network and entity way, it has built smart bars for enterprises in high-tech zone, and provides service support for enterprises' transformation.

Besides relying on its resources advantage, Hangzhou Public Library will also cooperate with CADAL Project Management Center, UNESCO China Engineering Technology Knowledge Center, Zhejiang University, and Digital Library of Engineering Research Center of Ministry of Education. It will construct smart service cloud platform to provide services of online learning and science and technology novelty search, and construct entity service area in high-tech zone. It will build smart bars oriented to smart economic leading enterprises such as Alibaba, providing service support for enterprises' transformation, and getting more high-tech enterprises to serve the economic construction of smart city.

3. Smart Learning System

Hangzhou Public Library cooperated with non-degree educational institutions recognized by the Ministry of Education. Through the library information service channels, citizens could log on the public library website to get online educational contents at home, and get a non-degree education qualification. It is an important exploration of library service involving in urban smart education.

杭州圖書

Resource

09

Chapter 9

The Construction of Library Resources

By 2014, the total literature resources of Hangzhou Public Library were 4.85 million copies, including printed literature (books, periodicals, newspapers, braille books, maps, ancient books, and so on) and digital literature (outsourced databases and self-built databases), covering foreign language resources in multiple languages of English, Japanese, Korean, Russian, French and Spain.

Section 1

Historical Literature

1. Ancient Literature

Collection of ancient books in Hangzhou Public Library is more than 5, 000 kinds of more than 50, 000 volumes, and stone inscription rubbings over 1000 kinds of more than 3, 000 pieces. Good editions of ancient books are more than 600 kinds of more than 5, 000 volumes. In 2009, Hangzhou Public Library was listed in the second batch of "protection units of key national ancient books". 39 kinds of literature appeared in the "national directory of precious ancient books", and 19 kinds of literature appeared in the "first batch of precious ancient books list in Zhejiang Province".

In the census of ancient books in recent years, Hangzhou Public Library found lost manuscripts and poem scripts in the Qing Dynasty in its collections, which could fill the gap in study of history or art history of the Qing Dynasty.

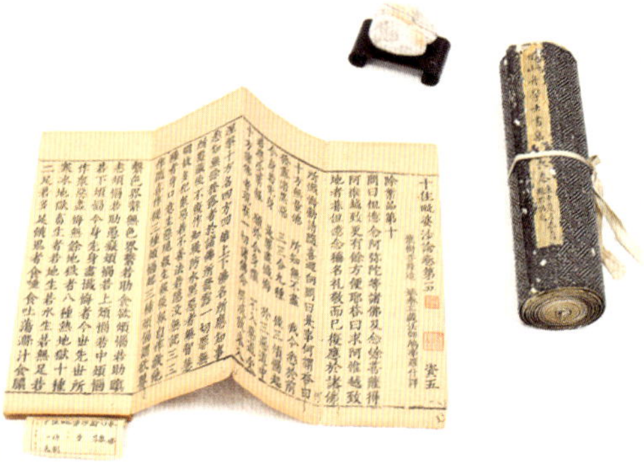

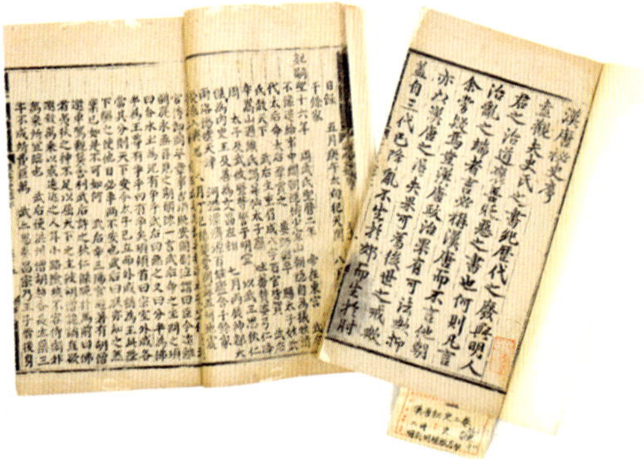

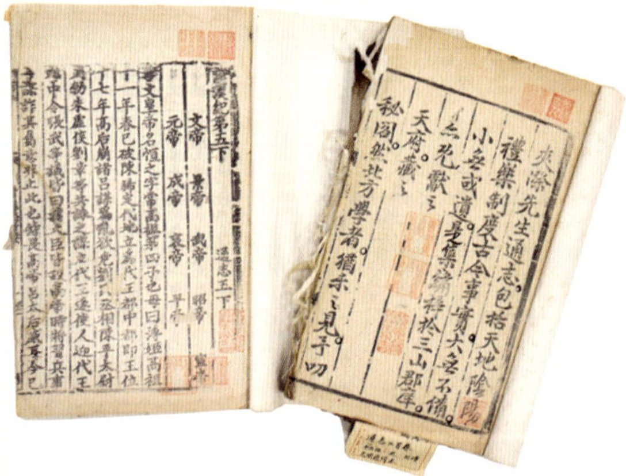

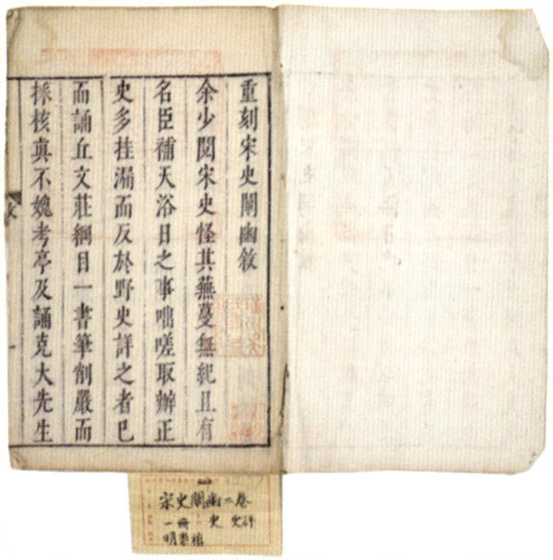

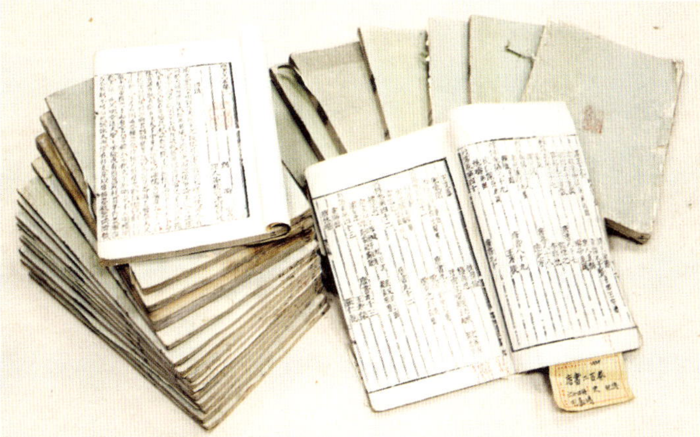

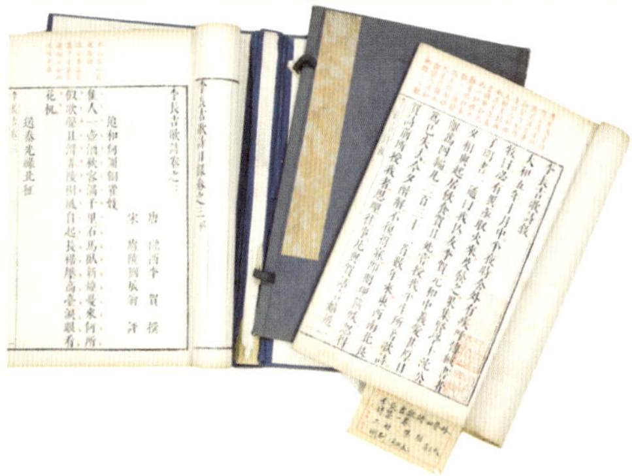

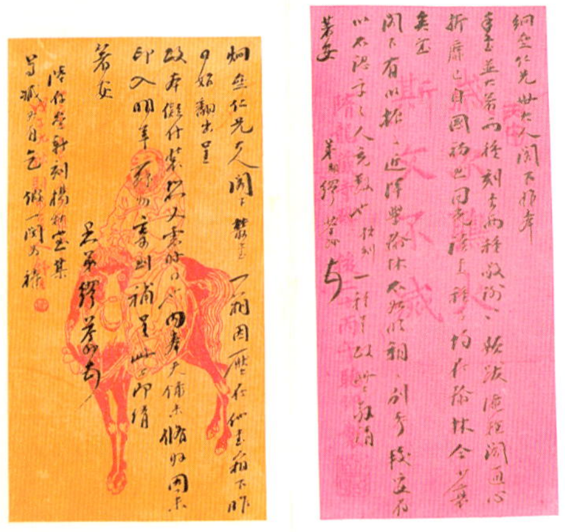

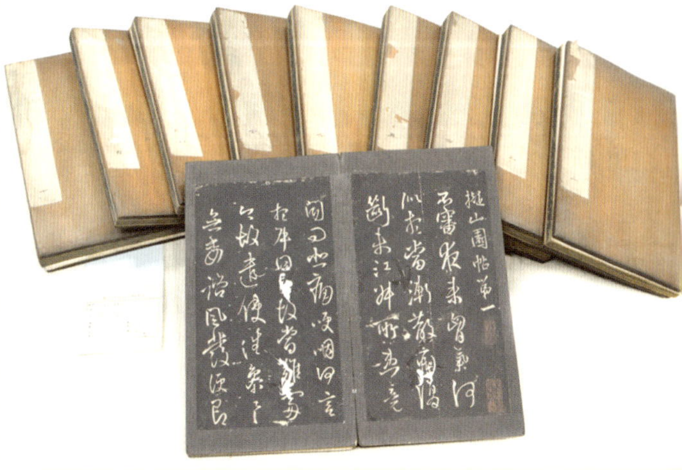

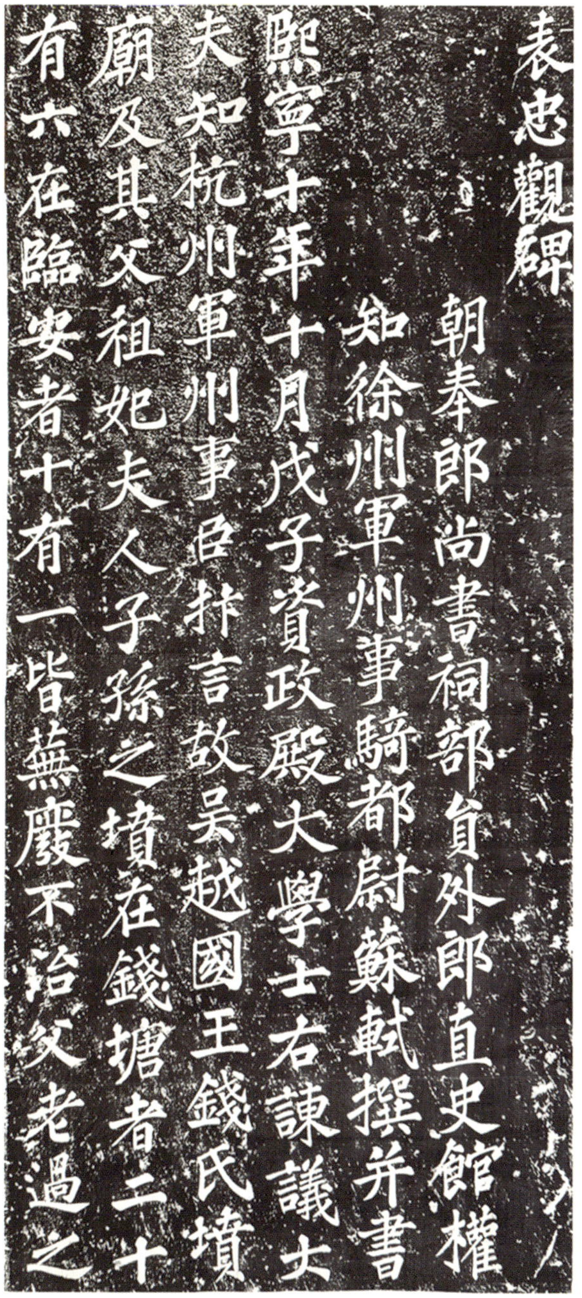

表忠觀碑
朝奉郎尚書祠部員外郎直史館權
知徐州軍州事騎都尉蘇軾撰并書
熙寧十年十月戊子資政殿大學士右諫議大
夫知杭州軍州事臣抃言故吳越國王錢氏墳
廟及其父祖妃夫人子孫之墳在錢塘者二十
有六在臨安者十有一皆蕪廢不治父老過之

2. Literature of the Republic of China

For literature types, there are thread-bound edition literature for more than 20, 000 volumes, paperback editions for more than 2, 000 volumes, periodicals and newspapers for more than 700 volumes, as well as lots of manuscripts.

For literature content, it involves many fields, such as society and economy, culture and education, commerce and trade, industry and agriculture of Hangzhou. It has important historical value for study of modern humanity history in Hangzhou.

Periodicals and newspapers published in Hangzhou in the Republic of China reflected social situation in Hangzhou from different angles.

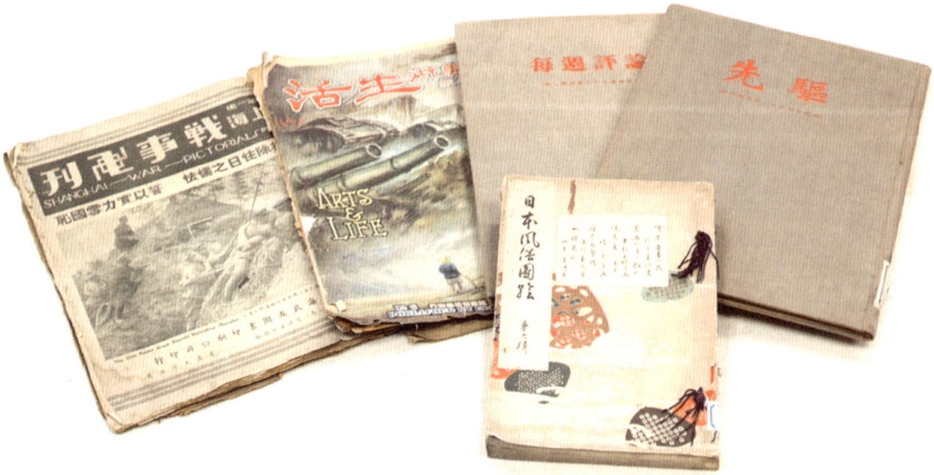

浙江潮

錢塘江橋工程攝影
錢塘江橋工程說明
錢塘江橋工程說明
錢塘江橋籌備報告
錢塘江橋工程處

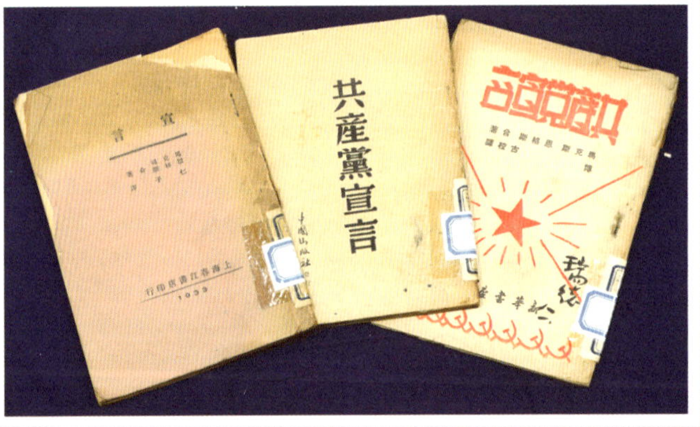
宣言
共產黨宣言

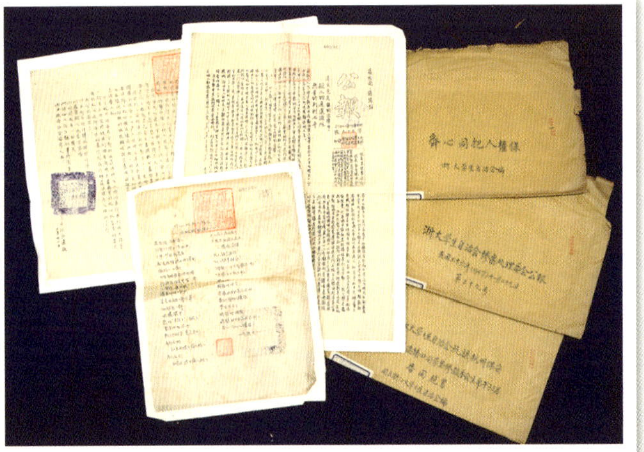

Section 2

Local Literature

Hangzhou Library has built a regional local literature resource system, which focuses on municipal literature and has a wide range. In the past 50 years, Hangzhou Public Library has accumulated a great number of precious local literature resources. Total collections of local literature are more than 12,000 kinds of more than 25,000 volumes, including yearbooks, local chronicles, historical data, manuals, genealogy, travel books, thematic materials compilations, name lists, maps, newspapers, and electronic documents. Local literature includes literature integration of the West Lake, ancient and modern scenes of the West Lake, series of Hangzhou local chronicles, series of canal literature, historical accounts of past events in Hangzhou, tourism atlas of Hangzhou, specialties and customs of Hangzhou, former residences of celebrities in Hangzhou, Hangzhou lanes list, old firms in Hangzhou, Hangzhou folk tales and so on. Hangzhou Public Library developed databases of pictures of the Republic of China, books of the Republic of China, scenic spots, stone carvings, local specialties, past and present lanes, former residences of celebrities, folk tales, Hangzhou customs.

As a worldwide renowned tourist attraction, according to the demand of local tourism market, Hangzhou Tourism Committee has published a variety of brochures. In order to collect the brochures in time, Hangzhou Public Library initiatively contacted Hangzhou Tourism Committee, and issued a letter to collect them, making this collection a normal work without interruption.

In recent years, "the genealogy craze" has risen in Grassroots civil society again. Hangzhou Public Library takes this opportunity to actively collect new genealogies.

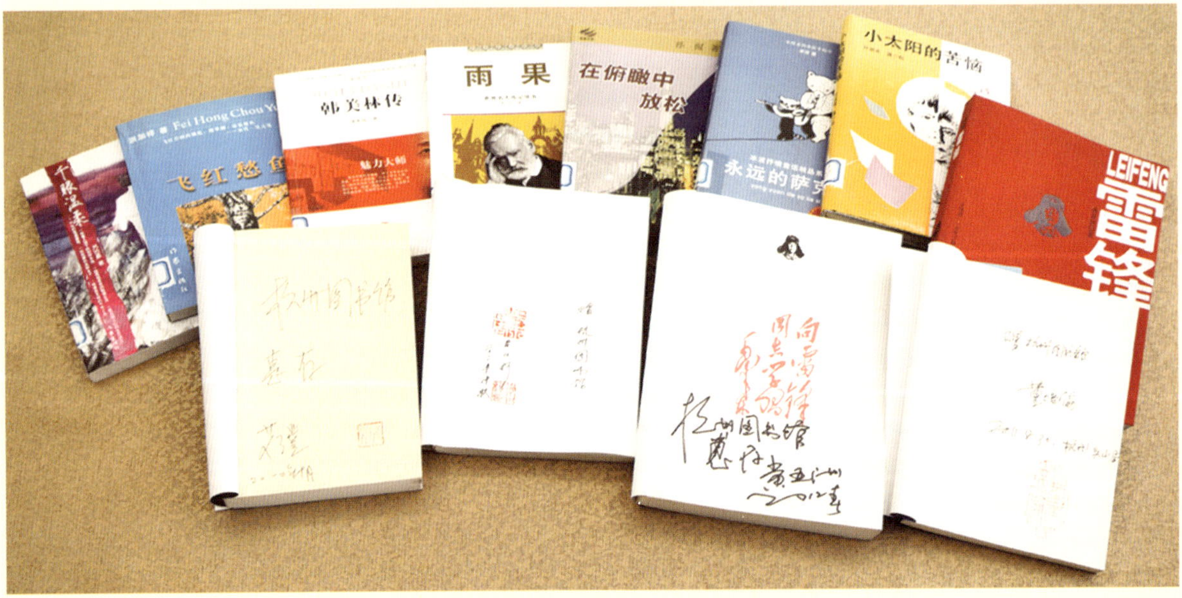
韩美林传
魅力大师
雨果
在俯瞰中放松
小太阳的苦恼
LEIFENG
雷锋

2008滨江区生活地图
HANGZHOU
TOURIST MAP
杭州楼盘全景图
杭州
杭州市图(主城区)
杭州绕城公路行车指南
2002
导游图

杭钢志

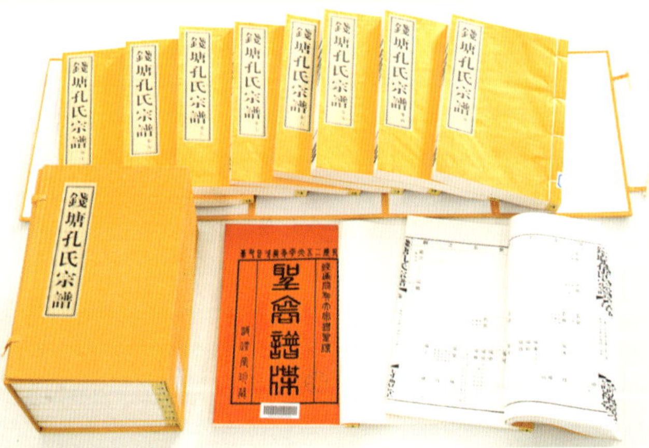
錢塘孔氏宗譜

杭州錢塘潘氏宗譜

西湖区市政志
杭州物价志
杭州海关志
杭州市二轻工业志
杭州市供销合作社志
百货商业志
HANGZHOU
杭州财税志
CAISHUI
ZHI
萧山围垦志
杭州农业志
杭州医药商业志

杭州图书馆地方文献数据库
搜索
杭州方志
杭州文史
民国书
民国图片
风景名胜
石刻造像
地方名产
古今坊巷
名人故居
民间故事
杭州风俗
古今谈
访问量: 19022
杭州图书馆 版权所有

Section 3

Feature Literature

1. Musical Literature

The Music Branch Library of Hangzhou Public Library dedicates to popularization of music. Through purchasing, receiving donation and organizing, it has accumulated a large number of innovative literature resources of all types. Currently, the total collections are 38, 659 items, including CD, DVD, books (including e-books), periodicals, music scores and so on.

1) Paper literature. The Music Branch Library has approximately 11, 000 copies of music books, containing textbooks and examination books. Among them, the original foreign language music books are more than 400 volumes, covering music theory, music production, stage performances and so on. Chinese and foreign music, audio magazines and music school journals are 3, 390 copies.

2) Multimedia literature. Collections of multimedia literature are more than 20, 000 pieces, mainly CD, DVD and LP. CDs are the main literature, most of which are albums of contemporary famous singers and musicians around the world and are published in China, covering classical music, coffee music, bar songs, traditional dramas and so on. DVD

collections are mainly domestic and foreign musicals and operas such as *the Sound of Music*, *Phantom of the Opera*, *Cats*, *Don Giovanni*. LP literature is mainly donations, including European classical music, contemporary music and music composed in the Republic of China.

3) Digital resources. In order to permanently preserve some rare audios and videos, through downloading after network registration, sharing, and secondary processing, Hangzhou Public Library gradually has built a collection of digital resources of audio, concert videos, movies, operas, musicals for 15T in scale.

2. Buddhist Literature

Hangzhou Public Library has a collection of Buddhism books for more than 16, 000 kinds of more than 20, 000 volumes, some of which are Japanese books. The content includes basic knowledge of Buddhism, important Buddhist translations and so on. Buddhist no vices, Buddhist enthusiasts and researchers can find their respectively needed literature resources, many of which are fine literature.

The library has collected photocopies of more than 10 versions of *Tripitaka* published in the mainland and Taiwan.

Some important texts of Buddhism and Buddhist books are completely collected into collections. The library has more than 20 kinds of Buddhism books series.

3. Art Literature

Chinese art literature collection includes many hardcovered complete works.

There are 1, 751 volumes of Japanese art books in the collection, mainly published by three publishing houses in Japan, namely Shogakukan, Shueisha and Kodansha, as well as complete art works published by Iwanami Shoten and Fukutake bookstores.

4. Chess Literature

Hangzhou Public Library has more than 7, 000 kinds of chess literature more than 10, 000 volumes. Carriers of the literature include books, journals and CDs. Languages of them are Chinese, Japanese, Korean, Russian and English. The contents of Chinese literature are mainly Weiqi and Chinese chess. The contents of Japanese and Korean literature are mainly Weiqi. The contents of Russian literature are chess.

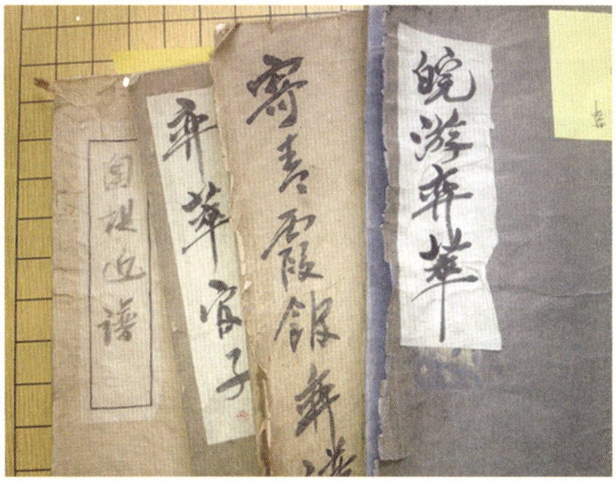

Chess literature is mainly stored in the Chess Branch Library beside Qiantang River, covering chess books published at home and abroad since 1960s.

The Chess Branch Library has more than 100 kinds of precious ancient chess manuals. 53 volumes of books and 52 items of materials have reached the standard of national cultural relics.

Besides chess manuals, commentary books on contest written by chess masters are also important literature.

Many chess books have the seals of original collectors or the autographs of the authors. Some Weiqi books and periodicals collected by the famous chess historian Mr Zhao Zhiyun are very important in research.

The Chess Branch Library also has some precious literature and objects. They are all important information on study of chess history.

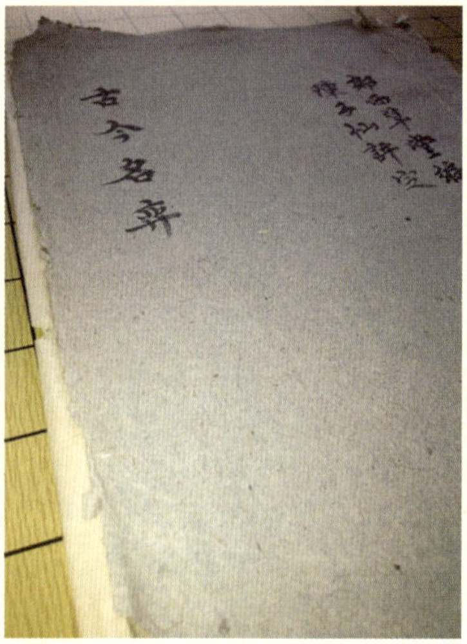

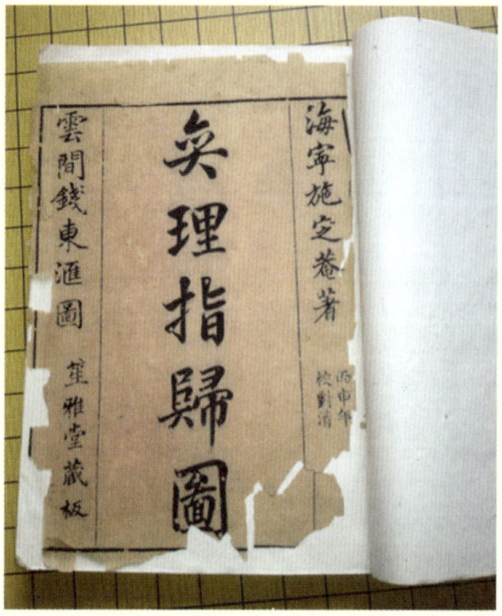

5. Comic Strips

Comic strips of Hangzhou Public Library are more than 16, 000 kinds of more than 60, 000 volumes. Some of the collections are masterpieces of renowned artists published in different times and are of great artistic value.

More than 30 kinds of comic strips in the collection were published from 1949 to 1953, including Feng Zikai's *the Caricature of the True Story of Ah Q*.

From 1954 to 1965 is the first great period in the development history of Chinese comic strips. Hangzhou Public Library has a collection of more than 20 kinds of masterpieces of this period.

The library has a collection of more than 1, 000 kinds of comic strips published from 1966 to 1976.

From 1977 to 1985 is the second great period in the development history of Chinese comic strips. During this time, many fine comic strips were reprinted. Hangzhou Public Library has nearly 5, 000 kinds of comic strips published in this period.

After 1985, comic strips creation was stagnant, but some publishers still published a number of new comic books in line with social development.

6. Literature of Architecture Art

Hangzhou Public Library has taken architecture art books as one of the focuses of collection development from the late 20th century. At present, the collections of architecture art (including the art of garden design) books are 62, 000 kinds of more than 80, 000 volumes. The contents cover architectural history, architectural theory, indoor and outdoor decoration design.

101
WORLD
CLASSIC
HOTELS
居住区
景观规划
The St. Regis Shenzhen

Section 4

Other Literature

1. Authors-Signed Books

Authors-signed books are special collections of Hangzhou Public Library, set up by Hangzhou Public Library and Zhejiang Writers Association. Signed literature is mainly from member writers of Zhejiang Writers Association, as well as other well-known writers at home and abroad. Each book in this special collection is with the writer's autograph. At present, authors-signed books of this special collection are more than 1, 500 kinds of more than 2, 000 volumes, including books from cultural experts, Nobel laureates, Mao Dun literature prize winners.

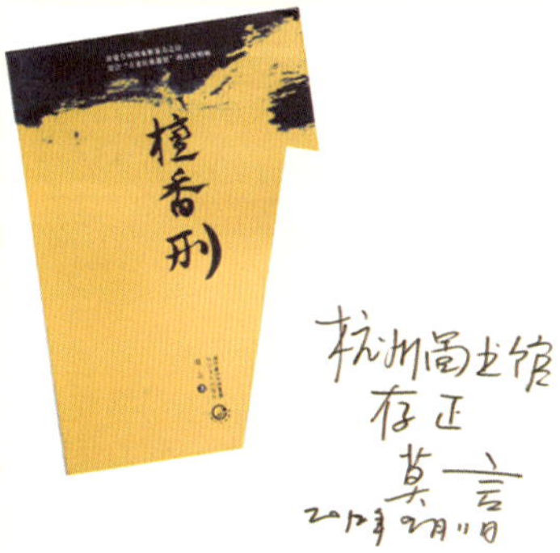

2. Professional Books and Journals

Hangzhou Public Library focuses on study of library and information, and has a number of research findings on library operation with significance and reference value. First, it published a series of academic monographs in order to summarize and improve the operations of the library. Second, it edited and published the journal *City Library Study*. Third, it edited and published a series of local cultural publications.

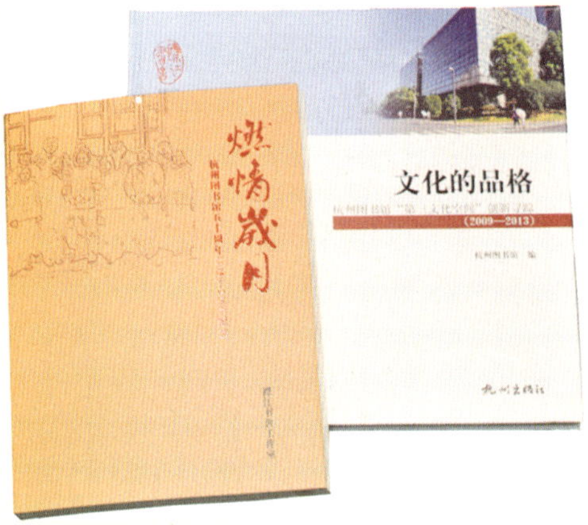

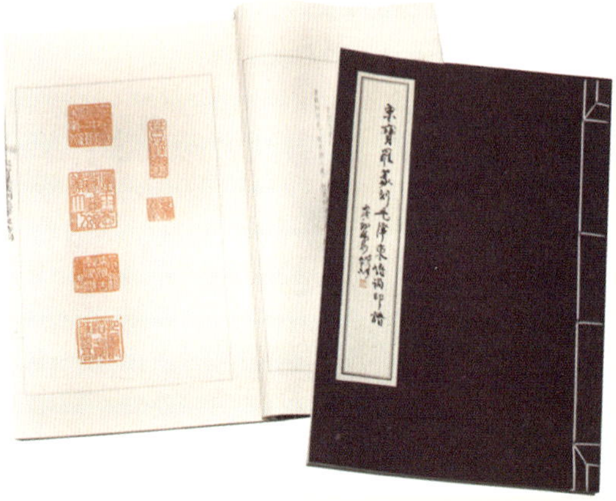

3. Literature from International Exchange

From 2011, Hangzhou Public Library has carried out book exchange project with a number of friendly foreign libraries and cultural institutions. Until the end of 2014, Hangzhou Public Library has received a total of more than 700 kinds of foreign books and magazines.

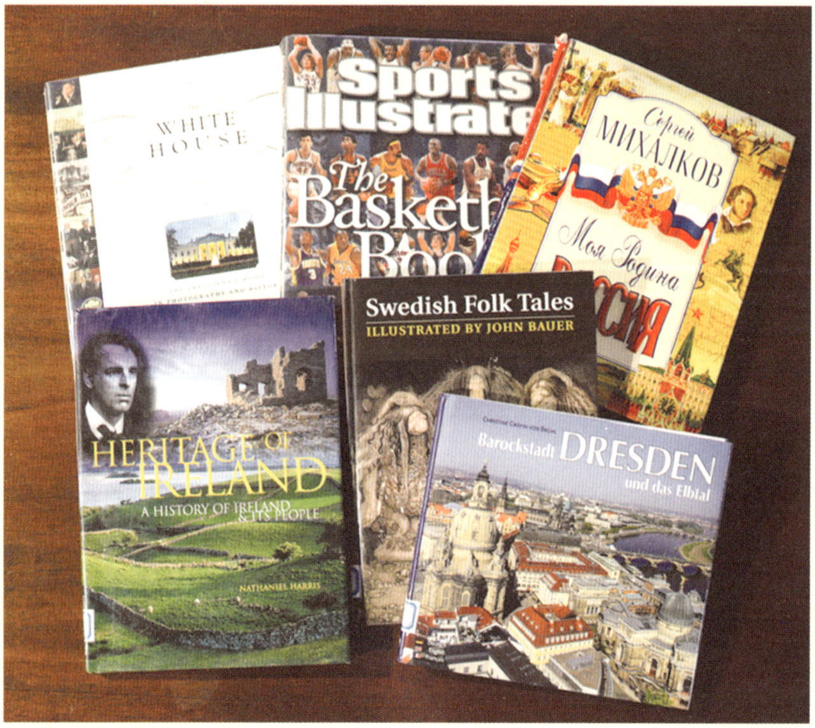

ИСТОРИЯ РОССИИ

IM SPIEGEL DER ZEIT
The House Gnome
Sven Nordqvist
Indiana
James Patterson
POSTCARD
KILLERS
& Liza Marklund

An Leabharlann Bheo
The Lively Library
Indianapolis-Marion County
Public Library
Central Library
ПАНОРАМА
БИБЛИОТЕЧНОЙ
ЖИЗНИ
PUBLIC
Linking YOU to the World

An Leabharlann Bheo
The Lively Library
Некрасовка
ПАНОРАМА БИБЛИОТЕЧНОЙ ЖИЗНИ
ПБЖ

4. Calligraphy and Paintings

Collections of these works kind in Hangzhou Public Library are mainly contemporary works from renowned local calligraphers, and a few are modern works. Collections in total are more than 300 pieces, including works of contemporary celebrities and famous painters and calligraphers.

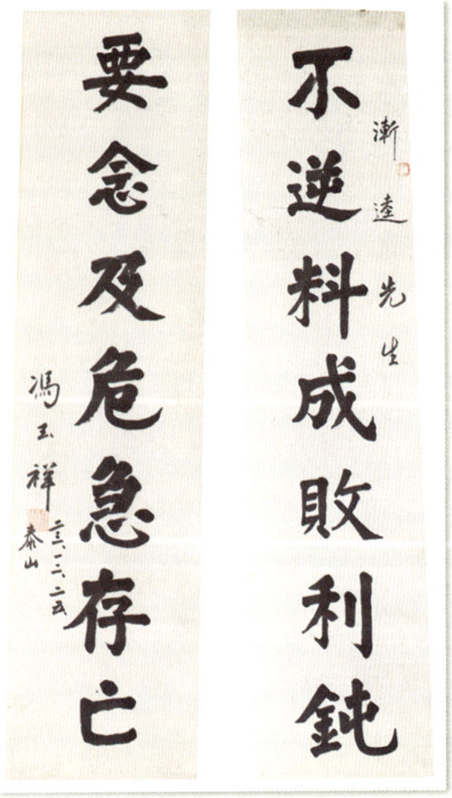

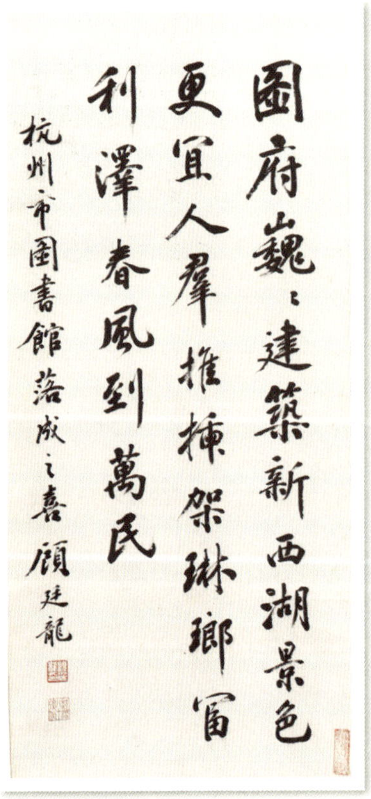

Postscript

In the 21st century, Chinese public libraryits present a developing situation of boom and progress on the whole and city libraries are the most representative. With the attention paid by the Party and the government and great support from the society, Hangzhou Public Library as a city public library, strives to open up and keeps innovation, to step into the forefront of Chinese city public library camp. Now, Tianjin University Press plans to publish the series "City Libraries of China in the 21st Century", aiming at presenting Chinese librarianship to the world and spreading excellent Chinese culture to the world. Hangzhou Public Library is privileged to be selected. In order to show real work style and achievements of Hangzhou Public Library, we set up a writing team, designed the framework and structure of the book, and organized sections. In this process, we discussed, modified, added contents for several times and finally completed the book.

Hangzhou Public Library has systematically summarized development course, work practice results and features of collection resources of Hangzhou Public Library, forming three parts—history, practice, and resource. Each of the nine chapters respectively describes the culture overview of Hangzhou, development of Hangzhou Public Library, construction of the service system, construction of professional and thematic libraries, construction of multi-dimensional space, resource development and service, expansion of international exchange, exploration of digital services, and construction of library resources.

In the writing process of the book, all writers involved made great efforts. We express our gratitude to the members of the writing team, namely Tu Shumin, Wang Kaihua, Zhu Ke, Xia Qiang, Zhu Junwei, Liu Lidong, Liu Ying, Fang Ying, Wu Yizhou, Tao Lin, Chen Qi, Feng Yahui, Qiu Jiajing, Yang Miaofa, Ruan Li, Huang Linying, Fang Zhujun, Wu Yulin, Yan Jinhui.

A special thanks to Mr. Wang Zongyi, who meticulously revised the draft of this book for several times.

As we are lack of time and expertise in writing this book, there must have been deficiencies in it. We sincerely expect comments and suggestions from readers.

Chu Shuqing

March 12th, 2015